歷史與現場 ㊽
台灣民衆史(14)

台灣舊事

周夢江・王思翔／著
葉芸芸／編

ISBN 957-13-1673-3

序一

周夢江

這裡，收錄了我們幾篇回憶文章和一些舊作，包括《台灣二月革命記》。

我和王思翔是在一九四六年春天由上海到台灣的。我們兩人到台灣是避難，因爲我們在家鄉揭發了縣長老爺和他部下的貪污腐化，被戴上「紅帽子」，命令「就地正法」，因而不得不離鄉別土，輾轉來到台灣。事實上，我們當時只是年輕的記者，有點正義感而已。

我們到了台中市，在《和平日報》工作（我後來於一九四七年二月離開台中到台北《中外日報》）。台中是個文化城市，地方不大，人才倒較集中；加上我們來得比較合時，那時「光復」後的強烈的民族感情仍未消褪，我們到處都受到親人般的待遇。因此，我們結交了當地許多有名望的人士，如莊垂勝、葉榮鐘、謝雪紅、楊克煌、張煥珪、楊逵等。這些人不管政治傾向如何？無疑都是台灣的菁英；對我們這兩個年輕人來說，這是一種榮幸。在我們的回憶文章中，多少記錄了一些關於他們怎樣爲台灣的社會，政治、經濟、文化的繁榮而奮鬥，如何甘心清貧而努力工作。今天，他們都先後作古了，我們兩人也年逾古稀。今天，台灣本省和外部世界都發生了巨大的變化，情況和過去有所不同，但歷史是不能割斷的，前人的得失成敗，或多或少可爲後人提供若干可資借鑑的東西，所以，我們寫下回憶他們的文章。

同時，我們兩人都是「二・二八」事變的參加者、見證人。當時，我在台北，王思翔在台中，我躬逢聲勢浩大的台灣人民請願行動，參加了蘇新領導支持的「二・二八」的宣傳工作；思翔則目睹耳聞謝雪紅領導的武裝起義，並支持起義。因此，我們又復逃出了台灣，避開可能遭到的麻煩。現在參加「二・二八」事變的倖存者畢竟不多了，我們有責任將當時的見聞告訴年輕的一代，這是我們寫回憶文章和出版《台灣舊事》的目的。如果讀者能從本書了解一些眞實情況，則是我們最大的願望。

我們都老了，爲了使讀者了解我們兩人離開台灣後的情況，這裡簡單介紹一下：王思翔（現名張禹）回大陸後，先在溫州報社任主筆，一九四九年下半年到台盟總部工作，一度成爲「胡風集團骨幹」、「右派」分子。以後平反，在安徽合肥《清明》文學雜誌社任編審，直到退休。我先在溫州報社代理總編輯。一九五〇年調入台盟總部，因病回家，長期在中學授課。後調入溫州師範學院中文系任教，並參加《漢語大辭典》編寫。著作有《葉適與〈永嘉學派〉》、《葉適年譜》、《趙鈞〈過來語〉輯錄》、《止齋文集校點》等。

最後，我們感謝所有幫助本書出版的朋友，特別是葉芸芸女士，她是我們的故交葉榮鐘先生的女公子。承蒙她的厚愛，既曾將我們的部分回憶錄介紹發表於美國報刊，又大力支持本書出版。同時，我們也感謝藍博洲先生和李濰美小姐，謝謝他們的支持。

一九九四年十月，於溫州

序二

王思翔

多謝熱心朋友的幫助，使我們能夠在台灣出版這樣一本書。

書中拙作部分，《台灣二月革命記》作於一九四七年，曾於一九四九—五〇年在上海單獨出版；其餘均為近十餘年來應不同書刊編輯的要求陸續寫成的，並無一定的系統性。前後連在一起，從時間上說，將近半個世紀了，但內容是這樣單薄，又顯得零碎，可能還存在諸多舛誤之處，自己看來也覺得很慚愧。唯一可以自我辯解的理由是，自四十年代末以後，海峽兩岸隔絕的時間太久，造成的隔膜太嚴重了。直到一九八〇年我在寫〈憶楊逵〉一文時，連他是否健在都不知道；後來有人在美國見到楊先生，才把他的大致情況告訴我，可是我心有餘悸，還不敢貿然給他寫信，所以終未能同他重新建立聯繫。這是一大遺憾，但在我說來，卻無力避開或超越它。

近年海峽兩岸的經濟文化交往日趨發達，這無疑是大好事。鄙意以為，為了徹底消除歷史留下的隔閡，進一步發展經濟文化的交流，兩岸人民通過各種渠道進行坦誠而自由的對話和商討是必要並且有益的。本書能在台灣出版，就是新形勢所賜予的機遇。我很高興把這些舊稿向廣大讀者請教，並將很高興地聽取各方的批評意見。

一九九四年十月，於合肥

目錄

序一……周夢江 3
序二……王思翔 6
台灣一年……王思翔 11
附錄 現階段台灣文化的特質……王思翔 39
附錄 從澁谷慘案談起……周夢江 54
舊事重提─記《和平日報》……周夢江 58
曇花一現的《中外日報》……周夢江 67
戰後初期的台中文化界……王思翔 76
附錄 釋文化……王思翔 80
楊逵《送報伕》胡風……王思翔 83
憶楊逵……王思翔 95

記楊逵二、三事……周夢江 101
記台中莊遂性先生……周夢江 107
讀《少奇吟草》四首……周夢江 111
想到了許壽裳先生……周夢江 113
緬懷謝雪紅……周夢江 117
附錄 台灣的秘密……周夢江 128
懷念亡友楊克煌……周夢江 134
「二・二八」中與蘇新相處的日子……周夢江 140
二・二八事變見聞錄……周夢江 146
附錄 台灣最近物價的漲風……周夢江 156
二・二八縱橫談……王思翔 160
〈台灣二月革命記〉重版附記……王思翔 168
台灣二月革命記……王思翔 170
編後語……葉芸芸 231

台灣一年

王思翔

一、爲什麼去台灣？

一九四五年秋，抗日戰爭勝利後不久，我在杭州《東南日報》發表一篇通訊，揭露家鄉平陽縣長的苛政和貪汚行爲。儘管《東南日報》是一份以穩健著稱的國民黨地方報紙，經常反映浙江省執政當局的觀點，而我所揭露的無非該縣長在眾目昭彰下所犯罪行的一小部分，卻觸犯了這個酷吏，被誣指爲「共產黨頭目」，不得不倉皇逃離家鄉，到了上海。和我同行的，有親戚周夢江——他以前在本縣教書時與教育科長有過矛盾，這次也因我而同受迫害。

在此前的幾年中，我曾在浙江、江西等地的報刊發表過不少通訊、雜感、詩歌和文學評論，認識了一些作家和記者。此時戰爭既已勝利結束，國共兩黨又開始和平談判，全國人民渴望多年的和平民主建設的新形勢似乎將成現實。我希望在上海這個經濟文化中心城市找到一個立足之地，一面發憤讀書，一面繼續寫作。可是到上海和杭州跑了一圈，我的幼稚夢想便破碎了。現實的情況是，戰時留下的創傷加上國民黨接收的刼掠，物價飛漲，百業蕭條，秩序混亂，民生凋敝；我所見到的一些文化機構都在艱難中掙扎撐持，加上我既無高學歷又無社會背景，哪能找到合適的職業？失業嚴重地威脅著我的生活。

同年冬天，在杭州的一個同鄉好友——杭州《和平日報》編輯陳正坤介紹我認識了抗戰初期在中央軍校三分校十六期同學的張煦本和李承良，張是杭州《和平日報》社長，李也當過幾年軍事記者。他們三人勸我到台灣去幫助另一個同學李上根籌辦《和平日報》台灣版。據說李上根已萬事俱備，獨缺編輯人材，而他們認為我這個「黃埔」出身的報人是適合人選，極願鄭重推薦。這使我陷於兩難之地：一方面，我既急於擺脫生活的困境，也很想到台灣這一塊新近才回歸祖國的地方走走看看，故不能拒絕他們提供的機會；另一方面，我知道《和平日報》前身為《掃蕩報》，是軍方的機關報，一貫堅持國民黨中最僵硬派系的立場，久已為讀者——包括國民黨內和軍隊內有識之士所鄙棄，戰後似略有更新的跡象，估計不會有根本性的改變，這是我所不能贊同更不樂意為之賣力的。因此我對陳正坤採取了圓滑的手段：請他們同李上根進一步聯繫落實我去台灣參與《和平日報》工作的問題，有了確定消息就寫信到上海告訴我，然後再作決定；實際上是想拖延一段時間，以便再作一番努力，爭取留在上海而不去台灣。

這時候，老朋友樓憲來到上海，一時也沒找到適合的工作，就和我、周夢江一起過著流浪的生活。樓是三十年代「中國左翼作家聯盟」成員，筆名「尹庚」，編過刊物，出版過幾本書，在上海比較熟悉。我和樓一起又找了一些文化界的朋友，同時寫了些短文交給幾家傾向民主的報刊發表，頗得幾位知名作家的好評，但仍無法解決職業問題。於是，樓也動了到台灣去闖蕩的念頭，並且設法與他以前的朋友——台灣省氣象局長兼基隆市長石延漢和省貿易局(?)高級職員于瑞熹取得聯繫。不久，他收到石延漢來信，說已代為謀得一所中學校長的職位。至此，我們三人才決定同往台灣。

當時大陸港口到台灣似乎只有上海至基隆的一條正式客運航線，每隔幾天才有一艘客輪，凡去台灣的文職人員須先到一個專設機構登記，經批准後才能獲得免費的船票。我們三人持石延漢寄來的信件，以基隆某中學教職員身分辦好手續，又過了一段時間才搭上航船。和我們同船的，還有一位上海《前線日報》編譯楊選堂，他是經濟學家、台北法商學院院長周憲文的高足，此次應邀到法商學院任教。當時台灣使用「台幣」而不用大陸流通的「法幣」，因此在上船前每人領取一小筆台幣，據說足以支付旅途上開支，不准攜帶法幣上船。但上船之後發現這小量台幣只夠三天的飯錢，偏偏遇上大風耽擱了一天航程，幸虧樓憲暈船省下一份口糧，到最後一餐楊、周和我三人才買得兩盒日本式「便當」分而食之，勉強度過這難忘之旅程。

一九四六年春天的基隆是殘破的半癱瘓的港口城市，連天風雨更增添了悽慘陰暗的氣氛。送走楊選堂後，樓、周和我三人隨便找了一家旅館，丟下幾件簡單的行李，就急忙去市政府找石延漢。可是石說，因為我們來遲了，錯過了學校開學的日期，原先為樓憲說定的那個中學已任用了新校長，不能再安插人了。又是失業，而且在這完全陌生的地方！好在這位氣象學家還講交情，當下給了樓憲一些錢以維持三人的食宿開支，才使我們免於流落街頭。爲打破這種寄食的尷尬處境，樓憲和我曾到台北找過于瑞熹和別的幾個多少可以拉上一點關係的人，但均無結果。看來只有去投奔李上根，至少可以先解決一個人的就業問題，糊住三張嘴巴。

我按照陳正坤和張煦本提供的聯絡地址找到了正在基隆候船的韋佩弦——他是台灣《和平日報》社主任秘書，李上根的同鄉和得力助手，也是軍校三分校十六期同學。一見面他就說，杭州早有信來，李上根正在等我來就職；又說，目前各項籌備工作已大體就緒，唯尙缺中文編輯，李命他回滬杭等地去招聘。我乘機對韋說，此次同行來台有兩個朋友，是石延漢邀請來的中學校長和教員，因錯過開學日期還在等待安排新職；他們都編過報刊，有相當水平和經驗，如報社需要，我可以找他們商量。韋當即代表報社委託我速去促成此事，並儘快同往台中工作。

回到旅館，我把同韋佩弦談話內容轉告樓、周二人，請他們決定是否同我一起去台中。他們二人本來沒有這種打算，還一直勸阻我進《和平日報》社工作，但此時已別無可抉擇，只好同意我的建議，先到台中去看看情況。我同韋佩弦打了招呼，便和樓、周離開基隆，奔向另一個陌生的城市——台中。

二、第一次會見謝雪紅

三月底，我和樓憲、周夢江三人到達台中，找到李上根。李已事先得到韋佩弦的通知，當即安排我們在《和平日報》社宿舍——接收過來的「常槃木旅館」住下來，並對我們說了報社的一些情況，要求我們稍事休息後即參與籌備工作。

原來李上根是某軍（當時已整編爲師）「掃蕩簡報班」負責人，該師進駐台中時接收了大批敵產，後來師政治部把一部分房屋、一家印刷廠和一家停產了的造紙廠等交給李籌辦《和平日報》台灣版。據說已得到台灣行政長官公署和警備司令部的批准，正報告南京《和平日報》總社和國防部新聞局，但後者尚無回文，亦未派遣人員、撥給經費。師政治部催李出版報紙，但李手下缺少幾個熟悉業務能主持部門工作的助手，很難進一步開展工作。因此，我們的到來正好解了他的燃眉之急。他只要我們各人塡交一份通行的簡單「履歷表」，就聘任我爲報社的主筆，周爲代總編輯，樓爲經理，把我們推到重要崗位上。還給錢讓我和周各做了一套呢料軍服，仿佛我們是南京來的資深軍報工作者。這頗使我感到意外，不知道是由於陳正坤、張煦本、李承良等人的得力推薦使得李上根如此重視我和我所引薦的朋友呢，還是他出於目前的迫切需要才特意顯得如此大度、如此禮賢下士？或者兩者兼而有之？但我知道，李上根交給我們的工作是難以推卸的，又是絕難勝任愉快的事情。然而，此時此際已沒有退路，只好接受李的安排，走著瞧了。我想，事在人爲，合則留，不合則去，最後的抉擇權還在我們手裡。

李上根要我們做的第一件事是代表報社去拜訪台中的社會名流，以爭取廣泛的支持和合作。他把一位本地記者介紹給我們，此人名施英梧，三十多歲，能說一口流利的普通話，很熟悉當地情況，辦事也很勤勉認眞，後來幫我做了不少事。隔天施便開列一份名單，經李上根過目後，決定由施安排時間帶領我們逐一去拜訪。四月上半月，我們先後訪問了一大批名流，其中包括：已息影家園的老一代社會活動家林獻堂，市參議會議長黃朝清，市圖書館館長莊垂勝和研究員葉榮鐘，三民主義青年團台中負責人張信義，作家楊逵和張文環，實業家張煥珪……。會見時，我們代表報社向訪問對象說明辦報宗旨和初步打算，並敦聘他們爲《和平日報》台灣版「特約撰稿人」，徵詢他們的意見，請求他們給予支持和協助。他們中多數人都表示了合作的意願，不過初次會見只是禮節性的應酬而已。這是我們意料中事。開始認識各界人物，以便於日後進一步接觸——這個目的起於報社，更合我的心意——端賴施英梧的幹練工作，我們順利完成了李上根交下的第一個任務，也就便爲自己未來活動做了準備。

後來施又領我們三人同去訪問謝雪紅。謝也是李上根審閱過的名單中所列的訪問對象之一，早幾天施向我們介紹過她的簡略歷史，說她出身貧苦，從小賣給人家做童養媳，青年時到上海做工並參加工人運動，被派到蘇聯留學，回台灣後成了台灣共產黨的領導人之一，三十年代初被日本殖民政府逮捕入獄，直到戰爭結束前病危時才保釋回家。李也說，謝在台中名氣很大，軍隊和地方政府的一些官員都常去看望這個富有傳奇色彩的人物。聽了這些介紹，我意識到，謝的處境可能相當微妙複雜。我對台灣共產黨在日據時期的歷史狀況所知甚少，也不知道它在光復後有否新的活動，但估計得到，國民黨當局絕對不會放鬆對其重要人物的戒備，尤其是國民黨內那些特別熱中於反共防共工作的人，豈肯放過這樣大的「獵物」？很可能在不少次堂皇謙恭和平友好的社交場面內外，已暗藏了某些陰毒卑鄙的算計、機關。那麼，我們以軍報記者的身分登門拜訪，是否合適？又談些什麼爲好？也許出於同樣類似的考慮，這一次訪問才被推辭了吧。

謝雪紅住在她弟弟經營的大華酒家樓上。有一條專用的樓梯通往寓所，窗臨公園，十分幽靜。施英梧顯然已預先作了安排，只在房門口叫了一聲「謝先生」，就把我們引入房內。出現在眼前的是一位年過四十的中年婦人，衣著素樸，身材瘦削，但神情爽朗，舉止大方。略作寒暄後，謝便談起早年在上海參加「五卅」反帝運動的情景，當時正處在第一次國共合作的大革命期中，她被國民黨派往蘇聯學習。我們注意到在一面牆上高懸著一個鏡框，裡面裝的是國民黨中央組織部頒發的《特別黨員證書》。謝說，這是不久前陳立夫派人送來的。我們對她在反抗日本帝國主義的鬥爭中的勇敢堅強和民族氣節表示敬意。謝很高興地說：台灣人民深受日本殖民統治之苦，但始終沒有屈服，沒有忘記自己是中國人；爲了推翻殖民者的民族壓迫，幾代台灣人付出很大犧牲。現在台灣已回歸祖國，廣大人民迫切希望迅速剷除殖民制度的弊害，建設民主自由的新台灣。又說：光復後，她和一些早年從事民族民主運動的同志發起組織了「人民協會」，目的是動員各階層群衆的力量，促進社會的進步，可是很遺憾，沒能得到當局的批准。

謝的普通話裡夾雜著大量閩南方言和日語詞彙，儘管樓憲曾留學日本，我也略懂閩南話，有時還需施英梧從中翻譯或解釋，所以談得不多。但我從她接見陌生來客（軍方機關報記者！）時不卑不亢、從容大方的對話中察覺到，她既保持了必要的戒備，又善於避開難點、抓住適宜的話題使對話愉快地順利進行，同時又極有分寸地宣傳自己的主張以爭取對方的理解和合作。從她給我們看的那些「人民協會」的印刷品中也可以看出，在光復初期她和一些人率先提出在台灣建立廣泛的超黨派性的群衆團體，爭取基本人權。保障工農利益等等要求，事雖不成，却顯得有理有節，順應人心，合乎潮流——戰後世界各前殖民地國家和地區、特別是全中國人民爭取和平民主的日益高漲的潮流。因此，我覺得眼前這位和藹可親的婦人，既有明確的思想和堅強的意志，又有清醒的頭腦和務實的作風，是相當成熟的職業革命家，是一位傑出的台灣人；對我們個人來說，她又是一位值得敬重、可以信賴的年長的朋友。

我們向她說明辦報的宗旨和籌備情況，並代表報社把一份「特約撰稿人」聘書遞交給她。謝爽快地接受了。不過謝又說她不善於用中文寫作，也很少動筆，向我們推薦一個朋友——楊克煌，他能用中、日兩種文字寫作，還懂英文。當下她招呼楊從另一個屋子裡出來和我們見面，要我們以後多和他聯繫。我們說，報社正需日文版編輯（按：當時各大報均有一版日文，譯載同日中文的重要新聞和言論稿，至秋後才取消。），如楊樂意擔任這項工作，我們可以向社方推薦。謝、楊二人都表示贊同。以後我們徵得李上根的同意。就聘請楊克煌爲《和平日報》日文版編輯。（按：曾見到一些材料說李純青介紹楊克煌進《和平日報》工作。李純青稍早時到過台灣，以《大公報》記者身分在台中會見了謝雪紅等人，和李上根也見過面，可能曾向李上根介紹楊克煌，但其時報社尚未進入全面運轉階段，故未落實，至此時經我們再度推薦，才正式聘任。）

第一次會見謝雪紅之後，有一段時間我沒有再去大華酒家。周夢江單獨找過謝和楊克煌幾次，他們又通過周介紹蔡鐵城、黃玉英等幾個青年人進報社工作。

四月下半月，李上根派我到嘉義、台南、高雄等地去建立《和平日報》台灣版的「分社」——經營報紙發行、廣告業務並提供地方新聞稿件的分支機構。我從未到過這些地方，哪裡去找許多既願意又有能力又可靠的人來建立分社，較爲妥善地完成這一項工作呢？可是又不願在李上根面前顯示自己的無能。我就去找謝雪紅，請她爲我介紹幾個在上述地方的朋友，幫助我解決問題。謝說，周夢江已告訴她此事（周接受了同樣的任務，地點是新竹一帶），並說她已爲我找好一個極好的助手，明天上午會來我處商量。果然，第二天上午施英梧領了一個人來見我，此人就是林西陸。

林西陸已滿頭白髮，但身體十分壯健。據介紹，他在二十年代曾到大陸投考黃埔軍校，因錯過考期未能遂願，後來成了武術師，日據時期參加民族民主運動，戰時在台中一帶秘密向青年傳授華語和武術。他熱情爽直地告訴我，他是謝的老朋友，謝和他談過，要他幫助我到南部走一趟；又說，那些地方他認得好多人，不難找到合適的合作者。我當即向李上根作了簡單的介紹，三人一起就建立分社的若干具體問題交換意見後，李要求我和林儘速出發。此後數日，我偕林沿鐵路幹線南下，直到高雄。每到一地，林或帶我直奔他所物色的人，或讓我在旅館休息，他獨自出門迅速找來談判對象與我一起商討，總是十分順利地按照報社的要求把分社建立起來。以後的事實證明，這些由林一手建成的分社都工作得很好，對《和平日報》的創辦和發展起了很大的作用。所以，我們回到台中後，李上根就聘任林爲報社的副經理，並對他越來越信任倚重。實際上凡報紙發行、廣告業務，經理部門人事安排以及其他許多事務性工作，都由林獨自或參與決定、負責處理；而林的認眞、勤勉、穩健和幹練，也越來越贏得報社內外的重視和信賴。

三、在《和平日報》社

一九四六年五月《和平日報》台灣版正式創刊。儘管南京方面還未承認這個台灣版的合法地位，沒有派人來主持工作，駐軍主管部門也沒有直接過問報社的具體業務；儘管我和周夢江都沒有在《和平日報》工作的經驗，也無意長期在這裡厮混；但我們知道，此時此際，只能按照南京版的格局和基調依樣畫葫蘆。換言之，在所有國際國內重大問題上嚴守官方立場。其實這也不太難，因爲在全國各地所有官辦和半官辦的報紙，幾乎沒有一家不站在官方立場上說話的，我們以前在別處編的報紙也是如此，所以，只要隨時提醒自己不要逾越那條眾所共見的「界線」就可以不致出錯了。

但是如上文所說，台灣出版的《和平日報》至多只能算是軍方機關的非婚生子，無論南京還是台灣的軍事當局都未曾給予它必要的物資條件，除了駐台中的那個整編師在創辦之初給了它一些資助以外(不久這個師就調走了，棄它而去)，它必須憑自己的努力去謀求生存的權利。在這一點上，它和許多半官方地方報紙並無本質上的差別。最重要的是必須爭取社會讀者的同情和支持，才能夠獲得較多可靠的訂戶，保證報社的正常運轉，並設法提高報紙的社會地位。因此，就必須在報紙上或多或少地反映讀者的意見和要求——當然是在官方許可或默認的範圍以內。可以援引一句後人批《水滸》的話來說：「不反皇帝，只反貪官」，這就是一些半官方地方報紙所取的辦法。當時台灣的社會問題已很嚴重，各界人士——包括國民黨內一些中下層官員對以陳儀為首的台灣當局及其施政實績意見紛紛，有時還相當激烈。本地記者施英梧、蔡鐵城、鍾天啓等人採寫的許多地方新聞稿件，揭露了不少貪官污吏及惡劣勢力的醜事；楊克煌在日文版上開闢了一個《街談巷議》的專欄，每天以三言兩語冷諷熱嘲的筆調針砭時弊；我也寫過幾篇《社論》，以報社的名義猛烈抨擊吏治的腐敗非法。這些新聞和議論多少表達了民眾的意見和情緒，因而博取了部分讀者的好評，同時也引起了地方當局的不滿和被揭露抨擊者的忌恨。李上根(或許還有他的直接上司即整編師政治部官員在背後)對上述活動採取了寬容和庇護的態度。有一次，台中縣警察局被報上揭露抨擊它的報導和評論所激怒，指使一股警察包圍報社尋釁搗亂，該師接到李的報告後立即派兵驅散警察，並逼使台中縣長和警察局長向報社公開道歉。在以後較長時間裡，李主要通過他派駐台北的記者採寫了不少揭露弊政的新聞稿件，在報上公開發表不滿某些政策措施的意見，最後導致陳儀下令扣押記者丁文治（他又是上海《僑聲報》駐台特派記者），李親自出馬爲丁奔走呼籲，並把丁送往南京。

儘管如此，《和平日報》仍然是軍方報紙，它沒有也不可能稍微離開它固有的官方立場。有一次，楊克煌在周夢江支持下，把一則宋慶齡對時局的談話（非中央社新聞稿）譯載在日文版上，李上根立即發覺，向周提出警告；幾個月後，李借取消日文版之機把楊解聘。可見李把報紙控制得很緊，而他的立場又是很堅定的。李上根以及後來到台灣參與領導《和平日報》的陳正坤（改名「陳洗」）、張煦本等人之所以大膽而且熱中於揭露抨擊台灣當局，除了譁眾取寵以擴大報社的動機之外，更隱藏了軍方即國民黨內「黃埔系」同陳儀所憑倚的「政學系」之間的派系傾軋——企圖利用民眾對陳不滿以製造輿論，取而代之。我看到李上根等人越來越明顯地爲派系情緒所支配所鼓舞，把報紙的批判茅頭專門對著陳儀，同時又加緊同南京總社聯繫，便意識到報社內外的情況更複雜又險惡了。雖然我依舊可以繼續利用《社論》抨擊台灣的弊政，用官方可以容忍的觀點和語言委婉地宣揚孫中山所倡導的「民有、民治、民享」和「和平、民主、救中國」的理想，爲促進社會進步、緩解民間疾苦而呼籲；但我必須同時警惕自己，不應被別人利用作派系鬥爭的工具。因此，我漸漸地不再像創刊初期那樣認眞工作，有時乾脆從大陸寄來的報紙中選擇一些八股文章略加改寫，以應門面。我在台灣的朋友鍾逸人（即鍾天啓）和古瑞雲（即周明）在四十餘年後分別出版的回憶錄中都說到《和平日報》和我們幾個當事人，說我是一個嫉惡如仇、敢於直言的國民黨人，頗多溢美之詞。他們寫的是他們當年的印象，但事情遠比他們所看到的現象複雜得多——報社雖小，却與全部中國歷史和現實的各種力量有著或明或暗的牽連，潛藏著許許多多眞眞假假變幻莫測的因素，在這裡要做一個明白事理正直不阿的人就很不易，更不用說什麼執著的追求和宏大的抱負了。說什麼「敢於直言」，眞令人愧煞！

七、八月間，樓憲離開報社就任台中第二中學校長，周夢江也開始到商業學校擔任兼職教員，預爲脫離報社作了準備。我是贊成他們這樣做的，但沒有採取同樣做法。因爲我經過一番考慮，覺得留在報社也有不少比另覓新職更有利的條件：只要我不給報社招惹麻煩即不在報上發表出格言論，李上根和其他掌握者都不會過問和干擾我的生活和工作，我就是完全自由的人，有充裕的時間和精力去做自己想做的事，既可以閉門讀書或爲大陸報刊撰稿，也可以廣交朋友或作社會考察；其次，在我周圍有著一批要好的朋友，其中包括林西陸、施英梧、黃玉英以及幾個大陸來的年輕工作人員，他們在各個工作崗位上經常給予我許多支持，使我有一個比較好的工作環境，其中最重要的是通過資料室獲得大陸各地出版的報刊——特別是若干對國民黨當局持不同政見的出版物。即使後來台灣警備司令部參謀長柯遠芬直接插手報社、派人接替我的主筆職位時，李上根和張煦本、陳正坤都仍舊對我很友好，沒有絲毫觸動我在報社內爲自己經營的小天地。當時林西陸、鍾天啓頗爲我不平，但在我卻如釋重負，落得個逍遙自在。只是後來李上根等發現那位新派來的主筆不能勝任此職，要求我再執筆，我才偶然地在找到好題目可以略爲替民眾講幾句公道話的時候，又寫了幾篇《社論》。

四、進一步接觸社會

《和平日報》（台灣版）創刊不久，台中有一些被刺痛了的地方官和社會惡勢力就造謠說「共產黨謝雪紅控制了《和平日報》」，又指責報紙「左傾」。他們所持的理由是報社聘用了楊克煌和林西陸，因爲他們二人都是謝所親近的人。李上根和駐台中的整編師政治部沒有理會，台北方面——陳儀和他的下屬似亦無反應，不久，謠言就不攻自破了。因爲，《和平日報》並未「左傾」，是人所共見的事實，可知「控制」云云純屬惡意中傷。

但這種謠言使我警覺，在謝雪紅周圍確實存在著許多帶有敵意的窺伺者——這些人是最卑劣的社會渣滓，什麼樣的壞事都做得出來的。爲避免無謂的痲煩，我（和樓憲）不常到大華酒家找謝，並且在報社內和楊克煌也不特別接近。我的這種做法產生了一定的效果，就是使我和謝、楊等人的交往保持了一定的距離，因而能夠有時間作比較從容的觀察和思考。上節所引鍾逸人和古瑞雲回憶錄中對我的評價，實際上也是謝、楊的觀點和判斷，其來源可能就是楊在報社日常翻譯我所發表的《社論》時得出的印象。雖然我只是一個掛名的國民黨員，但我確實在著意扮演這樣的角色；所以他的判斷是符合實際的，也是我所樂意承受的。我希望這樣一個角色能使我更好地觀察和理解當前面對的完全陌生的台灣社會，而只有經過這樣一番努力並得出自己的(不是他人強加於我的)認識和判斷之後，才能夠考慮進一步的行動。

我儘量利用記者的方便條件，也借助於林西陸、施英梧、鍾天啓等人的友好關係，在幾個月的時間內跑了不少地方——從城市、村鎮以至高山族聚居的山地，參觀了一些工廠、電站、碼頭、學校、街市、寺廟以至監獄，訪問了一大批各色各樣的人並和他們平等自由地交談。這樣，我對台灣各方面的現狀有了一個初步的印象。和我以前在大陸幾個省區所見所聞所知的情況相對照比較，我覺得，台灣在脫離祖國五十年後重歸中國版圖之時，社會面貌已起了明顯的變化。不管怎麼說，至少在西部平原，古老的封閉的自然經濟已被打破，一個近代工農業、交通體系已基本建立；相應於此，城鄉關係和教育文化等狀況也起了變化，並且不能不對人們的生活和思維方式給予影響。而這些變化，我們這些外省人以前很少知道，即使到了台灣，如不深入去看看，也不一定能夠充分了解。正所謂「學然後知不足」，我初步參觀訪問了一些地方一些人以後，越發感到自己的知識嚴重不足，還必須進一步去探求，尤其是必須向本地的熟悉情況的老成人求教——這些老成人本身就是值得研究的對象。

正是出於這樣的動機，我常常到大華酒家找謝雪紅(有時也找楊克煌)聊天。我總是帶著各種各樣的、在日常工作和社會活動中碰到的或聯想到的具體問題，連同自己不明確不成熟的想法，向她請教。在通常的情況下，謝都很高興地接待我，坦率詳細地回答我所提出的問題，談話是親切而無拘束的。在我看來，謝本人就是日據時期台灣歷史的一個縮影，或者用恩格斯論文學典型的話說，是「典型環境中的典型性格」，載負著二十世紀上半期台灣廣大民眾的苦難，也集中地反映了台灣人民世世代代爲反抗異民族的侵略奴役、爭取自由民主的傳統精神。她在艱難險惡的環境中經歷了由一個童養媳到台共領導人的極爲豐富多彩的長過程，使她具備了異常廣博深厚的社會知識和明確犀利的眼光，加上她又很健談，雖然她不曾對我發表長篇的有系統的談話，卻使我獲益非淺，不但對台灣的歷史和現狀有了進一步的認識，也比較能了解普通台灣人的思想感情和習俗風尙。這些對我以後的工作都有積極影響。謝（和她的朋友）也常常就一些全國性的和台灣的問題主動找我交換意見。記得有一次，謝打算參加「國大」代表競選活動，徵求我的意見；我就把大陸報刊上透露的若干民主和平人士抵制此次「國大」的態度告訴她，並表示自己對此舉的懷疑。還有一次，我作爲隨軍記者到山區作了一次短暫的採訪後，謝曾問我，台灣如果有了群眾武裝，能否在山區建立游擊隊根據地？我說，台灣和大陸——例如贛南和浙東的地理形勢和社會結構都大有差異，依我看，在台灣山區不存在長期武裝割據的條件。在當時的惡劣環境裡，只有在相知較深的朋友間才能夠這樣無拘束地交談。

但是界限還是存在的，而且在我的頭腦中一直很明確。我知道共產黨人一貫十分重視「組織」，而像謝雪紅和楊克煌這些老台共的骨幹份子或早或遲會與中共接上關係並重建其組織活動；而我不但具有軍報記者這樣的身分，並且又是個自由主義者，儘管從未反對過共產黨，也讀過不少馬克思主義的著作，頂多只能算作「同路人」。我樂意遵守這條界限，而無意於超越它。所以，我從來不向謝、楊打聽涉及組織的事，包括舊台共的秘密組織活動的事；在大華酒家出入的人很多很複雜，如他們不主動向我介紹，我也從不搭理。謝似乎同情並尊重我的抉擇，從不向我宣傳馬克思主義理論，也不要我替她做事或建議我按她的意思做什麼事（除了要我介紹楊克煌和林西陸進《和平日報》工作，只有一兩次邀請我參加她接待李友邦、李偉光的宴會，他們都是她的朋友，前者是三青團在台灣的負責人，後者是上海的台灣同鄉會會長）。特別使我感到敬佩的是，她知道我與台中文化界朋友過從甚密，並越來越多地參與各種帶有文化沙龍性質的活動，而這些文化界朋友中不少人對她持疏遠和不友好態度（有的是從二十年代起屬於不同政治派別、進行過若干次鬥爭），也未對我的交往提出異議，不在我面前說這些人的壞話。這種寬容器度和民主作風，是我們之間的「君子之交」的基礎。

五、《新知識》和《文化交流》雜誌

經過一段時間的考察，我愈來愈感覺到，由於五十年來的隔離，造成了台灣人與祖國大陸的嚴重隔閡，是不應忽視或低估的事實。大多數台灣人，包括一些早年到過大陸的人，對當代中國的政治、經濟、文化諸方面的情況，知之甚少。例如我所接觸到的一些文化界朋友，都知道五四時代的陳獨秀、周氏兄弟和胡適，卻只有個別人曾在日本聞知三十年代左翼文化的零星消息，更不用說，偉大抗日戰爭期間中國文化界發生的巨大而深入的新變化、新動向，遠在台灣人的視野之外。但這不是台灣人的過錯，而是日本帝國主義侵略者宰割留下的創傷。

光復後，台灣各地普遍自發掀起了一場學習中文和國語的群眾性運動，如飢似渴地閱讀可能到手的中文書報，舉行各種形式的以介紹祖國文化和國內情況爲內容的集會，在民族文化認同上顯示出極大的熱情和主動性。可是，台灣當局除了比較認眞地從事推行中文和國語外，卻竭力限制大陸和台灣之間的正常往來，尤其是嚴格限制大陸書報的進入，既遏制了光復後台灣文化復甦、發展的生機，更不利於台灣人民和全國各族人民的團結、進步。當時大陸省市出版的報紙能在台灣公開發行的只有《大公報》等少數幾種，還不免常被檢察官所扣押。可見台灣當局對思想、言論的箝制，達到何等嚴厲的程度。在台灣人看來，這就無異於日本殖民者的封鎖與歧視，令人難以容忍。

我和周夢江因《和平日報》資料室的方便，經常可以看到一些來自大陸的報刊，其中有不少與官方持不同觀點但很有價值的文章和資料，是一般台灣人無法看到的。我們曾在閱後交由資料室工作人員黃玉英轉送一些供謝雪紅、楊克煌參考。稍後，又萌發了辦一份刊物的念頭，想把這種一般人不易看到的文章和資料選載或摘錄成輯，公開發行。周將此事告知謝、楊後，得到了他們的贊同。樓憲此時已就任二中校長，也積極參與工作。這就是《新知識》雜誌的起因。我（用「張禹」的筆名）

寫了一篇《現階段台灣文化的特質》，楊克煌（署名「楊淸華」）寫了《台灣過去經濟和現在經濟之硏究》，樓憲寫了《台灣歷史上之光榮》，還從大陸報刊上選載了施復亮、許滌新等人的論文，統由周夢江編成並交給白鳩堂印刷廠排印，周還負責向台中市政府申辦登記手續，又請了律師林連宗爲法律顧問。排印期間，圖書館館長莊垂勝在印刷廠看到部分印件，甚表贊賞，遂提筆揮毫題寫刊名。幸得但雜誌才印好，台中市政府就以未經批准登記的藉口下令查封，並派警察到印刷廠沒收刊物。幸得印刷廠員工的掩護，留下一部分雜誌，後來由謝和周分別散發到各地讀者手中。事後謝還交給周一些首飾兌賣成現款，償付了一部分印刷費；白鳩堂印刷廠的老闆也很同情我們，自願承受了一些損失。

《新知識》雜誌夭折了。招致失敗的主要原因在於我和周夢江年輕幼稚，孟浪魯莽，選的和寫的文章中觸犯當局忌恨的東西太多，辦事又不夠縝密。但是，事後並沒人責備我們，反而有不少新老朋友向我們表示支持和鼓勵。這使我進一步體會到台灣讀者迫切需要類似這樣的刊物來幫助他們獲得有關國內各方面的新思想、新知識，這反映了愛國主義和民主主義的深入人心，是極爲正當合理的好事，每一個在台灣生活的知識分子都應當爲此而努力。所以，經過《新知識》的失敗，倒反而促使我們和台中文化界朋友之間的交往更加密切了。同年年底開始籌備、翌年初創刊的《文化交流》雜誌，可說是《新知識》的再現；不過因情況變異，刊物的面貌也有所不同了。

有關《文化交流》雜誌以及我在台中文化活動的情況，已在另外的文章中有過記述，此處不再詳說了。早幾年我在大陸發表過回憶楊逵的文章，描述了當年交往的經過，此處亦不重複。需要特別說明的是：《新知識》被查禁後，台中「中央書局」董事長張煥珪和經理張星健曾分別多次和我見面交談。討論在台中出版刊物和圖書的可能性。我知道張煥珪是霧峰林家的親戚，也是莊垂勝等人的好友，有經濟實力而又有很高文化素養，張星健多年從事出版工作，也是有經驗有能力的人，所以他們主動找我合作，很引起我的重視。我向他們提出，先出版一個溫和穩健的小刊物，藉以團結台灣文化界包括外省籍的文化人，然後組織出版一批適應台灣讀者需要的書籍。他們基本上同意我的初步設想，並表示願意提供資金和工作上必要的條件，希望我著手準備。不久，藍更與來找我，說是受張煥珪之托，邀我和楊逵共編一份小刊物，我就欣然同意了。《文化交流》就是照我當初同兩位張先生商談的設想辦起來的。此外，我還著手物色幾個在台的外省文化人編寫幾本書稿，其中有木刻家黃榮燦編寫的一套供兒童閱讀的新型畫冊和《和平日報》編輯李長和(林義)的《中國近代史》通俗讀本等，都在編寫過程中即將脫稿。可惜這些出版計劃都未實現。黃榮燦在四七年被國民黨當局殺害了，(按：在五〇年代，其屍塚於九三年六月在六張犁公墓被尋獲。)他曾是著名教育家陶行知的學生和追隨者。

還應當說明，我在參與文化界活動時，儘量不讓謝雪紅(和楊克煌等)直接插手。這固然為了避免引起台灣當局的注意，同時也考慮到，由於歷史上某些複雜的因素影響，在部分文化界人士間存在著一種對舊台共和謝的疏遠以至疑懼的情緒，恐怕難於合作共事。但我總不放過機會，經常向謝反映自己在進行文化活動的情況，並虛心聽取她的意見。因爲社會環境複雜，而我對台灣的具體情況所知甚少，又缺乏社會經驗，所以處處留心多方打聽有關朋友的詳細情況。謝似乎很了解這些知名文化人——如楊逵夫婦、莊垂勝、葉榮鐘、張煥珪等，就常應我的要求，向我介紹他們的經歷、政治傾向、學術成就以及社會背景、性格特徵，供我參考。據我的領會，謝作爲一個共產黨人，自有她的評價標準，但仍然尊重上述諸人的事業成就和正直嚴肅的品格，所以她贊賞和鼓勵我同他們的密切合作。這一點對我來說是重要的，當時主動前來拉我共事的人並不限於這幾個人，在作出抉擇之前必須有所了解，有所不爲才能夠有所爲。

五、「二・二八」期間

「二・二八」事變突然爆發了。儘管在此以前，台灣的社會問題日趨嚴重，群眾的不滿情緒也很強烈，我在和謝雪紅、楊克煌、林西陸等人談話時，曾預料春夏間糧食問題如不得妥善解決，可能引起騷亂，但仍然沒有估計到事情來得這樣突然，這樣劇烈。二月二十七日晚，台中就獲知台北市民因抗議緝私人員槍殺小販而圍攻警察的消息，但未引起重大反響。次日我按原定計劃和施英梧等數人到鹿港訪問，下午回來時才知道事態已經擴大，聽說已成立「處理委員會」，由官方派員會同民眾代表共同解決問題，台中市面仍平靜如常。至三月一日，風聲又緊了一些，聽說台北發生了「打阿山」(主要是外省籍官員)的風潮，又聽說軍警向群眾開槍、射殺了一些無辜市民。台中雖未見騷動，報紙亦照常出版，不過已有「山雨欲來風滿樓」之勢。當晚，我到大華酒家見到謝雪紅和楊克煌。她們告訴我，台北已派人到全省各地發動民眾，明天將開台中市民大會公開聲援；又囑咐我轉告報社中的外省人員，不要到市上去採訪，更不要過問市民的活動。看樣子，她們正在策劃什麼事，顯然是爲參與市民大會作準備，我不便進一步過問，就起身告別。楊克煌忽然幽默地說了一句閩南俗語：「白貓偷食，烏貓抵罪！」意思是要我理解市民可能要打「阿山」，我卻由此看出他和謝對未來的事態發展並無十分把握。

二日一早，街上就傳來一陣陣喧呼聲。我和報社裡的外省員工不敢出門探聽消息，都靜坐在宿舍中。不久，施英梧匆匆趕來，說市民大會正在舉行，謝雪紅、楊逵、莊垂勝等人都在場，將成立市的「處理委員會」，要我們暫時守在宿舍中，免生意外。過了一會，有幾個陌生人突然持械闖入，聲言要搜尋武器，經報社僱用的女佣勸說後才走開。傍晚時，施英梧又來告訴我，說市民組織已接管台中縣市政府，但情況還未穩定；又說，謝要我和報社中人暫時離開宿舍，住到安全地方去，他已作好安排。接著，施引導我們十餘人到一家小旅館休息了一夜。三日上午，施再一次來把我送到楊克煌開的「鹿鳴」商行，說是謝、楊特別指示他這樣做的；施又說，報社其餘的人均已回到常槃木旅社宿舍，有人在門口保衛，可毋顧慮。

我在鹿鳴商行樓上單獨住了兩天，只有一個職工留在店裡照顧我的生活。施英梧和黃玉英二人輪番來看望我，說謝、楊正在忙著，我如有什麼事可告訴他們代為轉達。他們除給我送來水果、香煙和少許日用品以外，還常帶來一些有關的印刷品和口頭消息。從這些零星的訊息中，我大體知道台中的群眾起義進行得較有組織有秩序，沒經過大的戰鬥就接管了市政，控制了局面；最重要的是已建立一支群眾的武裝力量，正向周圍城鄉發展。我以為，這要比事變開始在台北爆發時的情況好得多了，顯然得力於包括謝、楊等在內的共產黨秘密組織的指揮和領導。

但我對整個形勢並不抱樂觀的看法。雖然我不知道共產黨一方——包括中共派遣來台的組織、可能已納入中共的舊台共殘存力量以及光復後發展的組織和成員合成的力量多大，但可以斷定他們極難(如果不是不可能的話)在短短幾天內白手起家組成一支相當規模且有真正戰鬥力的武裝部隊；反之，國民黨一方即使抽走原駐在台的正規軍，仍有足夠兵力穩穩地控制基隆、高雄、馬公以及其他重要基地，在幾天小衝突中未被削弱，更不消說絕對的海空權和隨時可能另派大軍來台支援了。這種形勢，可謂有目共見，謝雪紅或其他領導人當然知之甚稔；那麼，他們仍毅然出來組織武裝部隊，究竟出於何種考慮，就非我輩外人所得而知，可存而不論。不過尖銳劇烈的鬥爭已迫在眉睫，局面又如此嚴峻，則謝、楊等人能否率領群眾闖過險惡的危灘而取得起義的勝利，就不僅關係到個人的生死安危，而且關係到數百萬台灣人的切身利害，並且對整個中國的前途有重大深遠的影響。

我住在鹿鳴商行樓上，完全處身於事外，但心境無法平靜。因為我覺得，無論從我和那些正在奮身戰鬥者的朋友道義上說，還是從國家和人民的整體利益上說，都不應該冷眼旁觀。台北的談判反反覆覆，一直未取得實質性進展，這意味著某種不祥的東西正在醞釀中。一般台灣人也許還多少存有幻想，但我確知國民黨內那些最有權勢者從來不曾心慈手軟，也絕難制止他們對台灣的血腥鎮壓——在他們以爲時機已至時。我想了又想，然後寫在紙上，準備有機會見到謝雪紅或楊克煌時把自己的憂慮和一些不成熟的想法告訴他們，提供參考。但我一直沒見到謝、楊，只好稍加歸納，請施英梧代爲面交。這封信的內容除大略分析形勢外，主要意見有下列幾條：

一、不要提出過高的政治要求，全力支持台北的「處委會」繼續同陳儀談判，在取得若干有關實施地方民主自治的協議後，轉而爭取陳儀共同阻止南京派大軍來台。

二、在控制區內發動村鎮居民參加和支援城市的起義群眾，聚積必要的人力、物資，爲未來建立根據地準備條件。

三、集中武裝部隊，監視並力求控制自基隆和高雄通往腹地的鐵路重要關隘，防止對方的軍事襲擊，必要時儘可能切斷交通，以保障有生力量的退卻。

後來在大陸重新見到謝雪紅時，她告訴我：這封信由施英梧面交，她和一些同志曾就信中所提到的幾個問題交換意見，終因情勢急迫，無法付諸實施；撤出台中以前，她把此信和其他文件一起燒燬了。——由此可見，施英梧不愧爲一個忠於友情的漢子，而且在起義中默默地做了工作。

記不清是三月五日或六日，施英梧又來通知我：回報社準備恢復出報。我回常槃木旅社宿舍約了幾個編輯部工作人員，隨施英梧到辦公處所。不久楊逵就來傳達台中「處委會」的意見，要我們恢復出版《和平日報》(台中另有一家《自由日報》也同時恢復)。當時李上根和韋佩弦不在台中，報社由副社長張煦本和總編輯陳洗(即陳正坤)負責，我同張、陳二人商量後再和楊逵研究決定：暫時出版《和平日報(台灣版)》半張，即對開二大版，由我和楊逵共同負責，吸收自願參加工作的編輯、校對和電訊室人員，以刊載省市新聞爲主要內容，在市內發行。此後數日，楊逵每天來報社主持工作，經常帶來一些代表群眾組織具有一定指導性的文稿(有些是他自己化名寫的)交編輯人員編發，儼然是受謝雪紅或某一位不公開出面的群眾組織領導人的委託來負責宣傳工作。他對我友好如前，曾把他化名刊登在《自由日報》上的一篇長文和一篇呼籲開闢農村工作的文章拿給我看，徵求我的意見。他在文章中呼籲建立和擴大「除貪官汚吏猙獰惡霸之反對派外的民主統一戰線」，並且提出「必須以武力爲後盾」。我以爲，他的這些論點與謝雪紅等共產黨人是一致的，但不過書生的紙上談兵而已。

三月九日，大批政府軍由基隆登陸後大肆捕殺群眾首領和一般市民的消息迅即傳遍全省。軍隊並未進攻台中市，但恐怖的氣氛已壓倒一切。我從施英梧口中得知，謝雪紅和楊克煌早已率領武裝隊伍向埔里一帶山區撤退，報社記者鍾天啓、蔡鐵城跟著武裝隊伍走了；楊逵、莊垂勝等人則各自避往鄉間。過了一兩天，市面已恢復，李上根等回到台中，《和平日報》也照常出版，一切都回復以前的舊樣子，林西陸、施英梧等本地員工亦按時上班。但是許多人惴惴不安，不知道當局將怎樣實施它口頭上所說的「寬大」政策。我估計，當局早晚將開始大規模的殘暴鎮壓，首先是對參與或涉嫌參與事變的台灣同胞，然後也「順帶」地在外省籍人員特別是知識分子中捕獵懲治那些被認為可疑和可惡的人。我決定儘快離開台灣，既為全身避禍之計，也為了把親身經歷的台灣民變的眞實情況訴之於全國全世界。我以回浙江探親為由，向李上根、張煦本請了假，收檢了簡單的行李——主要是一些有用的書報，便離開了台中。行前我把自己的打算告訴了林西陸。林是留在台中的我認為最可靠的朋友之一，估計他難以逃過當局的追查甚至刑審，但相信他決不會出賣朋友。這位白髮皤然的老者此時心情極沉重，他殷切地一再叮囑我，一定要用我的筆把台灣人民熱愛祖國、渴望與全國人民共同建設和平民主生活的願望告訴全國和全世界的人們。

我在三月半前後到台北，見《和平日報》台北分社仍無異常現象，就在分社住下來，託人購買開往上海的輪船票。這時候，台灣當局在大量援軍支持下已大開殺戒，基隆是重點，台北也軍警密佈，殺氣騰騰。《民報》、《中外日報》等都已被查封，周夢江已在報社被封時去了上海，其他朋友也人人自危，正設法趕緊離開台灣。而且當局加緊了對出境的控制，據說每一個購買船票的人都必須先交照片和證件、經審查批准後方可上船。還沒有買到船票，《和平日報》台北分社就被一批軍警封閉了，當時我恰巧在對面一家飯店就餐，不敢出來詢問情由，便逕自轉赴基隆，匿住到一個朋友家中。又經過一番奔走，終於與一家同鄉開的商行談妥，搭乘一隻走私貨船離開台灣。到達閩浙交界處的小港——鎮霞關，已是三月底了，距離去年由上海到台灣時約近一年。

六、餘話——關於《台灣二月革命記》的寫作和出版

我在家鄉略事休息後，立即開始構思和撰寫報導評述台灣「二‧二八」事件的文稿。我的意圖是用簡明的形式把事件的前因、過程、後果記錄下來，用事實告訴讀者：這是官逼民反——是國民黨當局一年多來在台灣實施其腐敗無能、橫徵暴歛的專制統治逼出來的；事件開始時，台灣民眾的要求既很合理，也很容易滿足，而台灣當局一再拖延並動用軍警鎭壓，才使事態擴大，最終導致武裝衝突；國民黨當局動用大軍到台灣後，血腥屠殺無辜平民，罪惡滔天，必將激起台灣和全國人民的更強烈反對。我把這篇報告取名爲《台變目擊記》，標明它只是一個外省人的親身見聞。

我大約用了兩個多月時間寫成初稿。這時國內的全國內戰方興未艾，國民黨完全撕下了「民主」的僞裝，在其統治區內加強了對新聞出版的箝制，上海《文匯報》和許多報刊都被查封。《目擊記》顯然不可能在國民黨控制的報刊公開發表，並且，如落入國民黨檢察官手中，作者還不免受到追究迫害。但是我不甘心讓它胎死腹中。我覺得有責任把自己的作品公之於世，爲我的台灣朋友以及他們所代表的數百萬台灣同胞所作的正義事業鼓吹呼喊——儘管我的作品寫得很膚淺粗糙，還可能有不少缺陷或錯誤，也顧不得它可能招致不利於個人的後果。當時我在溫州的處境很困難，實在無法可想，就托人抄了一份，署上一個假名字，送給知友鄭炳中(即作家耿庸)，請他在上海設法找尋秘

密出版的渠道，但未成功；後來鄭又托人轉送給避居香港的胡風，仍然沒能公開出版。直到一九四九年下半年，大陸解放之後，樓憲在上海編輯一套《光與熱叢書》，要我把《目擊記》存稿略作修飾，並補寫了《序》和《緒論》，易名《台灣二月革命記》，列入叢書出版。初版出書時已是一九五〇年二月，距「二・二八」事變將近三年了。最初建議我寫稿的台灣好友林西陸老人，已不堪台灣當局的迫害含冤而死；其餘的台灣愛國民主人士，如楊逵、莊垂勝、張煥珪、施英梧、鍾天啓等人，都留在台灣，音訊阻隔——他們都不能看到我的拙作經歷幾年的壓抑終得見天日。但謝雪紅、楊克煌等一班人衝破了國民黨的羅網，經由香港回到了大陸，並作爲台灣人的代表參加中國人民政治協商會議，與全國各族人民一起締造了中華人民共和國。在我看來，這就是「二・二八」起義的勝利結局。歷史巨人的足跡，當然要比任何書本寫的豐富、眞實、生動得多；不過歷史還得人們去寫去評說，我的小冊子是特定歷史條件下的產物，從這個角度看，它本身也屬於歷史——這大概是樓憲認爲它仍有出版的理由吧？是耶？非耶？只能讓後之讀者去議論了。在我個人來說，它是我在台灣闖蕩一年留下的一件小小的紀念品。

一九九三年，合肥

附錄　現階段台灣文化的特質

張禹（王思翔）

臺灣人民是中華民族——漢族的一裔，臺灣的歷史是中國歷史一部份，在過去，臺灣的文化是中國文化的支流（雖然中間經過了五十一年的異族統治），而今天，臺灣復歸中國懷抱了，在政治上、在經濟上都已成爲中國的一環，文化亦如此。但是由於臺灣的歷史，走了與整個中國不同的路線，表現於文化上，亦呈現出其特異的形態。本來，文化就不是從天而降的，它是「一定的社會的政治經濟的反映」，「不是社會意識決定社會存在，而是社會存在決定社會意識」，而社會的嬗變，不是一朝一夕所能完成的，因此，文化的某一新的達到點，就不是短時期所能的。

先看看中國民族的文化革命史：

中國民族在其久長的歷史過程中，曾經創造出光輝燦爛的民族文化，特別是由於中國封建時期的久長，其文化的成果達到了人類封建史上的卓絕地位。但是，自鴉片戰爭以後，外國資本主義的勢力衝破中國的大門，逐步深入，直接的威脅著封建領主的存在，於是，由封建勢力「領導」著的覺醒運動，遂漸行展開，而且逐漸提高到新民主主義的文化革命運動。

首先，在資本主義侵略和人民革命運動壓迫下，進步的封建官僚——曾國藩、左宗棠、李鴻章、張之洞等企圖輸入一點資本主義血液，來延續中國封建主義的壽命，這便是所謂「中學爲體，西學爲用」的洋務運動。他們本身是封建主義的，不能超越、不能背棄，因此，在他們的腦子中，「修身、齊家、治國、平天下」的大道理，必須保留下來，而且也比「西洋」優越，只有資本主義的洋槍、大砲、火車、輪船、電報和軍事科學、軍事工業、交通工業等技術科學，才使他們驚駭並且欽服、羨慕，爲了保護「大清」的「一統江山」，這些東西是有用的。因此，洋務運動，一面是建鐵道、設電報、開辦洋務、設立招商局、機器局、造船廠、紡織廠……設立同文館、外國語言文字學館、電報學堂、武備學堂、水師學堂、翻譯外國技術書籍，讓「滿漢幼童」赴外國「習藝」，將士赴外國習陸海軍事……，而另一面是繼續保守甚至更保守，其出發點是擁護封建文化的。這一運動，在臺灣留下很深刻的印象，即劉銘傳統治下的開工廠造鐵路是也。

洋務運動是全盤失敗了的。「船堅砲利」並不能達到「富國強兵」的目的，他們的覺醒也抵不住帝國主義的侵入，這時候，臺灣失去了。唯一的成功是——替戊戌運動導開道路。

對外戰爭慘敗後的亡國危機日益嚴重，繼續爆發的人民革命運動的脅迫日益增強，促使進步官僚和知識份子的進一步覺醒，而由於洋務運動所導起的私營民族產業之出現而且日形龐大，爲覺醒運動——由上而下的改良運動「戊戌政變」提供了適當的基礎。於是，一面介紹了西洋的社會科學，一面開報館、興學堂、廢八股、試策論、並舉經濟特科，設立譯書局……。這種工作，替辛亥革命作了大部份的思想準備工作，給「五四」運動開了科學和民主思想運動的道路。然而，由於其本身只是進步官僚和孤立的知識份子，離資本主義的階段還遠著，因而在政治上，他們是由上而下的改良主義，企圖由改良運動的過程把封建主義的中國推進到資本主義；他們不知道由舊社會舊文化到新社會新文化的轉變，不是和平進步的過程，而是一種革命的過程，新社會新文化不是被給予的東西，而是群眾在革命實踐中所完成的勝利品。因此，更在主要的一面，對封建文化表現了留戀妥協的傾向，而隨著革命的再前進，他們——當時的主角們便公然的背棄了革命運動，梁啓超到五四成為保守派，康有為後來變成反對革命的復辟派的首領。

戊戌運動在消極方面暴露了清室的腐敗，在積極方面昭示了一個大的改革與變動之必要。國內民族產業在國際資本主義壓迫下逐漸長成，而感到的壓迫日益加深，封建的清室既不足以盡保護之責，反而依賴國際資本主義勢力以摧殘之；在國外，華僑因受當地資本主義的壓迫亦深感改革祖國復興祖國之必要，而在其時，戊戌運動的失敗證明了改良主義已不可能，除發動一徹底的革命以推翻反動的政權外，中國是不能得救的。辛亥革命就在如此的需要下勃發起來的。可是這個革命，自身並沒有一個作為思想準備的文化運動，只在過去啓蒙運動的基礎上，拋棄「維新」改良、「君主立憲」的思想，（自興中會的《中國日報》到同盟會的《民報》、《蘇報》和興中會、同盟會的宣誓，都表示以反滿、革命、民主的基本內容，可是所謂「民主」，是「國民」「皆有參政權」，「公舉之役員構成」「國會」，「共舉」「大總統」的改革式民主。）但由於：㈠革命並沒有發動全國資產階級和農民徹底反封建勢力的鬥爭，資產階級不能領導這一鬥爭，而惟憑藉軍事的力量來擊退反革命勢力，造成了單純的軍事投機現象。這種軍事投機預伏了封建軍閥囂張的因子；㈡又沒有解決當時最主要的經濟問題——土地問題，即沒有執行土地革命的任務，封建的榨取基礎依然存在，復預伏了日後封建軍閥殘酷的榨取的張本；㈢正因爲單純的軍事投機成爲唯一的戰略，使革命不能深入到群眾中去，反革命的勢力便依然佔著優勢，凌越革命的勢力。例如北洋軍閥並沒有被打倒，反而得到「合作」，得到參與革命政權，北洋的軍隊也沒有被徹底消滅，滿清皇帝與皇族甚至仍然保有其盤踞首都的地位；㈣辛亥革命並沒有達成反帝國主義的任務，革命政權不能取消帝國主義在華特權，瓦解其在華的勢力，使帝國主義得以利用封建勢力來反攻以及消滅革命。因此，辛亥革命沒有完成半殖民地消滅帝國主義及其奴才封建階級、貴族、地主、豪紳、官僚的歷史使命，沒有建立起反革命鬥爭的革命政權，而成爲一個流產了的資產階級革命，在文化運動方面，也終於流產了。

一直到「五四」，中國歷史上第一次的自發群眾革命運動才正式展開。由於帝國主義——尤其日本已經直接的威脅中國民族生存，國內封建勢力復進一步，公開的與帝國主義相勾結，而歐戰期間民族產業資本又得到相當的發展，提高了反帝反封建的要求，增強了反帝反封建的力量。特別是蘇聯革命的成果，提供了新的世界形勢，刺激起民族自救的巨浪，五四運動便是這種情勢下中國民族資產階級與小資產階級的民族覺醒及要求民族解放的新生運動。在政治革命的意義上，明確地提出了反帝反封建的口號，作爲新民主主義的序幕，而在文化革命的意義上，展開了反封建文化的「民主」與「科學」的思想運動，反封建文學的「白話」運動，給此後的新文化佈下了種子。特別是一部分前進的份子，開始接觸到較資本主義更高一層的思想，導開新的思想鬥爭，宣佈了資本主義文化的沒落性，使「五四」在中國思想史上成爲偉大的轉捩點。五四以前，中國文化上的鬥爭，是資本主義的新文化與封建階級的舊文化的鬥爭，至五四爲止，中國的「新」文化，是舊民主主義的文化，屬於世界資本主義文化革命的一部份；而在五四以後，却是新民主主義的新文化，是新世界文化革命的一部份了。但五四的基礎——中國資本主義，終於在國際資本主義進而爲帝國主義的壓力下宣告失敗，因而民族資產階級消沉了下去，五四運動在民族解放運動上不能不承認得流產了。即使在文化革命的意義上，五四的錯誤也不是沒有的。由於它是半殖民地啓蒙運動，民族資本在基本上對於國際帝國主義的附庸性與買辦色彩，它首先反映出對「西洋」資本主義文化的盲目信仰；他一方面，則由於小資產階級急功和衝動的特性，反映出盲目反古的傾向。隨著國際資本主義完全明白的擺出反動面目，中國資產階級的革命性能也失却其黃金時代（除少數能繼續追隨時代者外），五四時代的健將，紛紛的落伍了，甚至無恥的背叛了，與封建文化和帝國主義文化妥協，結成了兄弟而與新民主主義文化者爲敵。

但是，在五四所打開的大道上，文化革命是一天一天的發展了，而且提高了。通過帝國主義瘋狂的壓迫，反動派瘋狂的摧殘，這個文化新軍的鋒芒所向，從思想到形式，無不起了極大的革命，其聲勢之大、威力之猛，簡直是所向無敵。在魯迅諸人的領導下，經過自五卅到北伐的統一發展，經過一九二七到一九三六的資產階級結合帝國主義、封建勢力的圍剿，終於擴大而且鞏固了革命的基礎，建立起偉大的中國文化新軍，並使中國的革命的文化提高到世界性的高度。而這一新文化的成就，完成了對日抗戰思想的準備。

在民族抗日戰爭時期，中國革命的曲線運動，又來了一次統一，而且更廣大的統一了。上層包括了一切統治者，中層包括了一切小所有者，下層包括了一切人民。這一時期，政治上有了民主化的趨勢，文化上有了普遍的動員，革命的新內容哺育了新的文化。但很可惜，當作爲革命中堅的進步力量還沒有完成實際統治地位，還沒有來得及肅清或轉變潛存在抗戰陣容裡的封建勢力的時候，軍事形勢的惡化竟使政治形勢逆轉了。——武漢失陷以後，一部份地主勢力公然的投降了敵人，繼之，以汪精衛爲代表的一部份資產階級也與敵人「合作」了；而抗戰的陣容，也漸行分裂，一部份投降了封建地主，而國際的——尤其某國的政策轉變，助長了國內的混亂，而抗戰的性質一變而走入辛亥革命末期的老路——軍事投機。這個艱苦的階段，新民主主義的文化受到了來自敵僞與後方的雙重的打擊，而一方面，封建文化又得到死灰復燃的機會。勝利，就是在這種情形下取得到的「慘勝」，國家，掙脫了帝國主義的統治，重復投入了半殖民地的深淵，政治與經濟仍然在半殖民地半封建的危境中，遭受到更大的幻滅的威脅，因軍事投機的勝利擴大了反民主的勢力，在文化上，反民主的行動已自其本身發展到超文化的地步；一方面是官僚主義的文化得到熱狂的助長，沉緬的小資產階級的「黃色」文化得到「自由」發展，一方面是以非法非人性的手段來摧殘新文化；而由於經濟與政治的依存性，夾雜在美式配備、美國商品中，國際資本主義文化也大量的以非正常的方法輸入了。然而革命的文化，雖然迄今為止，其本身還存在著許多因中國革命過程的特殊性而致的缺陷，但他已經達到了空前的高度與深度，在新民主主義社會運動中起了領導的地位，而且在現實社會上佔有了絕對的優勢。

由此可知中國文化的成果，是一百年來繼續不斷的戰鬥的收穫，其成就不僅在於「洋務運動」以後一次一次的文化運動，更在於一次一次地克服了叛變了的反動派，尤其是五四以後的雙重壓迫而來的，是中國人民在反帝反封建的偉大進軍裡，以無比的犧牲所換來的勝利，所寫下的史詩。唯其是敵人的頑強，益發磨練，激勵成革命隊伍的強大無比的性能；而另一方面，則是有機地吸收在社會革命與文化上已取得領導地位的蘇聯革命理論，哺育長大起來的。

現在，我們回頭來看臺灣：

當國內形勢演變到今日，民族抗日戰爭，降而為軍事投機以後，臺灣的「光復」，在社會意義上只不過軍事投機的「戰利品」而已，至少是——戰利被限於民族革命的範圍內，而在社會革命意義（民族抗日戰爭原有的社會意義）是完全失敗了的。這個「戰利品」是日本帝國主義所造成的最理想的「文化眞空地帶」，而完整地交與中國沒落的投機家的。很快的，中國的封建勢力馬上塡滿了日本帝國主義所讓出的空隙，而且把臺灣看為他們的溫床。「接收」的工作是非常徹底的，在封建中國的意義上，無論是經濟、政治、文化，可說是無孔不入，特別是文化，建築在政治、經濟的獨占性上；

由紙的「配給」以至印刷的托辣斯組織，從根本上已造成文化的專制與獨占。

文化是一定的社會的政治經濟的反映，那麼在封建官僚獨占統治中的臺灣，能產生怎樣的文化呢？我們可以大膽的斷言：在臺灣，迄目前爲止，只有「廟堂文化」和其外圍，而這又以共同的性質爲基礎，即官僚——封建主義。自然，我們可以希望，甚至可以承認，由於臺灣進步勢力的幼小，由於官僚封建勢力在臺灣還保有著「新」生的意味，他們是可能比較的有生氣，比較的寬大，比較的開明的，至少是不必馬上擺出急不擇路的尷尬面孔來；同時，在「光復」中也多少可以體會出民族解放中原有的自由氣息。但可惜，他們的時機已經失去，已經遲了三十年，在五四時代叫得很漂亮的「民主」、「科學」，那種舊民主主義的前進意義已經失去，而他們是以此爲極限的，新民主主義的統一戰線一時無法形成，而他們——在臺灣的也同樣的受支配於中國封建勢力，同樣的失去在民主世界中可能有的生機，因而也同樣的富有反革命的特性。當他們感到整個中國封建勢力趨向下坡的命運所給予的痛苦時，其作爲是可以想見的。我們試看目前所謂「溝通文化」的工作，就可以看出他們對於新文化的恐懼與因而引起的防範，而一方面則對於封建文化極力袒護與放任。

而臺灣文化運動本身，亦因歷史的特殊，呈現出特異的形態。

臺灣曾經是漢民族反清統治的根據地，可是除若干民俗上留下「遺明」的痕跡外，並沒有什麼特異的文化可言（因爲根本上明清的更替仍然是封建王朝的更替，在文化上不起什麼作用），自滿清統治臺灣以後，臺灣文化事實上已與內地同屬一體而受其進步力量所支配。

可是，這種推動到「洋務運動」以後是被腰斬了，因而臺灣與內地的文化關係，便滯留在「洋務運動」時代與「戊戌運動」（這個運動雖在割臺以後，但是爲帝國主義所首肯的）時代裡（「洋務運動」在思想上的影響最大，「戊戌運動」的改良主義，因臺灣已脫離中國政治範圍而較爲沖淡了）。在今日，我們還不難看出，迷信中國「精神文化」的人到處都是，「中學爲體，西學爲用」的觀念深入於上層階級甚至中層社會，而且改良主義也採取了新姿態活躍於新的社會。這種封建殘留，在過去曾依附於「故國」的意義上因帶有消極的抵抗日本文化的侵略而被擁護；更由於其脫離了中國文化革命過程，失却了更推進一步的力量，而一直原封不動的保留下來；而且，在大部份淪陷期間內，還得到日帝國主義的若干鼓勵與放任。在五十一年中，這種有其適當高度的文化是盡了如下的任務：㈠消極的抵抗日本帝國主義殖民地思想，是部份的成功的，並且「積極」（？）地鼓舞起原始的抗日運動；㈡在日本帝國主義所容許的範圍內，在民眾立場上完成了若干改良事業。對於他們（包括「漢文學者」、「國粹家」等以「遺民」的姿態活下來的人們在內）我們應予以同情與欽佩，可是由於客觀環境的躍進，我們更有權利要他們前進。無疑的，這種舊文化殘留勢力，在現階段臺灣文化中，還有頑強的勢力，而減削了新文化運動的力量。此其一。

臺灣雖在五十年前便高豎起「民主國」的旗幟，在日本侵入以前，雖也有過劉銘傳等築鐵路，開礦產的實業，可是臺灣是一個典型的農業封建社會，而她所碰到的卻是工業發達的帝國主義日本。革命文化只有在社會革命過程中才能產生並且提高，進而領導社會革命。在日本當時，臺灣所有的是其本身業已腐蝕正在崩潰中的中國封建制度，民族革命運動尚未肇始，在經濟上是落後的農業社會，在政治上是腐敗的封建社會，在文化上是士大夫階級所獨占的愚昧狀態，遠較日帝國主義落後；日本的侵略曾在先後數十年間激起反抗的怒濤，但在當時臺灣缺乏著革命的基礎——雄厚的民族資本，缺乏著革命的中堅——龐大的覺醒的工業勞働者（唯有這兩種力量可以戰勝正在生長的帝國主義），而當時的文化力量是連接觸革命也不夠的。因此，抗日運動既沒有現實的基礎復沒有思想的準備，其本身便不能脫離農民暴動的範疇，不能展開偉大的民族革命，便逐個的被迅速消滅，而復由此，在文化上，壯烈的抗日運動是流產了，無法產生三民主義中的「民族獨立，民權發達」的內容，更無法導出唯一可制帝國主義死命的新民主主義了。而在這以後，無論是政治、經濟，臺灣是被看作典型的殖民地了，因而在文化上，我們不能否認至少在大體上是殖民地化的（這是就社會範圍而言，不是就個人範圍說的）。由於政治尤其經濟的壓迫與榨取，臺灣的文化至少在較近十年內是被壓迫得無法抬頭，甚至無法在社會意義上存在。社會運動是文化之母，五十年來，我們可以說臺灣人民無時無刻不在鬥爭中，這種傳統本來是可以產生出光榮的文化的，可是由於每一次鬥爭的失敗，無法保障並提高文化，是可以確定的；而在這中間，至少有了十年以上的空隙，前此光榮的革命運動既沒有在文化上留下什麼，而對於光復，在思想上的準備也非常不夠，甚至沒有（至少我們在今天還沒有發現任何證據），這種可怕的歷史過程造成了現階段臺灣文化的貧乏，是很自然的事。此其二。

不幸，這「空隙」又同樣的留在文化運動的實踐方法上。由於日帝國主義者有意的分割和現實的限制，至少在一九二七年大革命以後，中國文化運動漸次不能傳達於臺灣，尤其在抗戰後，是完全的隔絕了。(在這個時期內臺灣的地下運動一方面是沿用了舊的方法，一方面是聯合了日本民主勢力，自然在實踐上有著若干進步的可能，可是一方面是本身所受的壓力過於嚴重，一方面是日本民主勢力亦因受到壓迫而走了彎曲的路，進步是有限的。)在中國文化革命運動上，這十幾年中卻走了遙遠的路，在實踐中得到了現實的合理的方法，並且就憑著這而獲得生存與發展的。今日臺灣，正是由日本化而轉變爲中國化的激變過程，而趨向中國化。由於隔閡，㈠一般的臺灣文化工作者不免在參加中國文化革命運動前感到眼花撩亂，尤其是在實踐方法上的生疎，而措手不及，無法下手；㈡進一步說，在實踐過程中，中國文化運動者已經有了富有戰鬥力量的規模龐大的組織，而且有了在大體上統一的戰略。而在臺灣，富有力量的組織尚未產生，統一的戰略自然更談不到了，因此不免陣容錯雜，群龍無首；而㈢文化革命的敵人卻是完整而鞏固的封建勢力，這一僞裝著「革命」「民主」的敵人，是不易對付的，而一般臺灣文化工作者並不能「知彼知己」，因而在戰略上犯了錯誤，招來了意外打擊，弄得不能動彈。再加上文字上的阻隔，形成了現階段臺灣文化的苦悶。此其三。

其次，由於光復所引起的現實情勢的激變，過去臺灣文化運動的重心(抗日)業已不復存在，而新的重心民主主義又未能樹立，顯明的分化業已開始。在過去抗日運動中，雖有形的統一戰線根本沒有，無形的向心力卻是有的，在抗日運動中，思想上包括了最老的復古思想者、「洋務運動」時期的「中學爲體，西學爲用」思想者、「戊戌運動」時期的改良主義者、辛亥時代的「民主主義」者、五四時代的小資產階級覺醒思想者、五四以後的新民主主義者、極端的民族主義者、國際主義者、自由主義者、以及共產主義者、三民主義者；而其成員也是極廣泛而複雜的：中小民族資本家、中小地主（起初還包括了若干大地主）以及廣大的知識份子，覺醒的農、工、商，只除了依附帝國主義的走狗。這一個十分複雜的社會層，是團結（或傾向）在一個中心之下的，因而文化工作者，亦有其團結的基礎。在現階段中，新的情勢已經開始；舊的重心迅即消失，而在新情勢中，是爭取民主，是新民主主義的時代，於是某些份子便失去了存在的意義，或者落伍了。如復古思想、「中學爲體」思想，便變成純粹的反動的封建思想了，改良主義和極端的民族主義者已失去歷史意義成爲虛無的東西，舊民主主義、自由主義已經軟弱無力，再也不能擔當革命中堅的任務；國際主義和共產主義也成爲不合現實的教條；只有三民主義——新民主主義才能領導革命。於是死去的死去了，叛變的叛變了，退却的退却了，文化革命的隊伍雖然益加洗練了，可是這一分化，在現階段卻格外的削弱了文化革命隊伍的力量。此其四。

由於臺灣文化的上述特質，加上外來反動勢力的交互作用，我們看到了若干必然的現象：荒涼、步緒錯亂、舊的掩過新的，在社會已急趨中國化的時候，與社會脫節，浮動在觀念上，不能實踐。

這當然不會是永久的，但文化界必須提早開始其奮鬥工作，以克服現階段的缺陷並導開將來的文化建設。

今日，我們的第一個任務是：反封建——反對政治的、經濟的尤其是文化的封建形態。這㈠是中國文化革命歷史的最大的任務，直至今日爲止，封建勢力仍是最大的敵人，臺灣文化既然已回復到中國文化的範疇，在理論上就必須共同擔起反封建的任務，而(二)實際上，這種頑固的封建勢力，正是現階段臺灣文化的死敵，臺灣的新文化在萌芽時便遭遇到致命的摧殘，光復一年來臺灣文化之所以如此特殊的荒蕪，這是重要因素之一，而謀今後的發展，必先克服這一阻礙。今日橫行於臺灣的封建文化(及封建政治，經濟)，又正是五四以來中國反封建運動尚未徹底消滅的殘餘，加以在抗戰期間復熾起來的中國封建勢力，因此，臺灣文化運動者不僅要以全力反對臺灣的封建勢力，而且要參加全國性的反封建運動，即要求政治民主、經濟民主。只有政治民主，才有言論、思想、學術……的自由，新的文化才有蓬勃生長的可能；只有經濟的民主，才能使這個可能性實現而且得到永久鞏固的基礎。而由於臺灣特殊的情形，就臺灣文化而言，封建文化尚佔有優勢地位，(前面說過：臺灣只有「廟堂文化」和其外圍，只有官僚——封建文化)，這不僅指量而言，革命新民主主義文化在社會範圍上還沒有被大眾所認識，因而現階段臺灣文化運動者還負有特殊重大的與封建文化搏鬥的使命。

爲達成反封建的任務，因而第二，我們要求臺灣文化界先團結起來，以新民主主義爲中心。封建主義雖已在潰敗中，但至少在今日臺灣卻還是頑固的強大的，他們托根於數千年的中國封建史，學成了自「洋務運動」以來的反對進步手段，背倚著國際帝國主義和國內的雄厚的舊勢力，而以新的權能武裝起來，並且在今天，外來的與臺灣的又空前的配合了，這不是容易對付的大敵。因此，新民主主義文化運動者，必須有一個團結，而且努力爭取友軍，發揮最大的效能：㈠爭取文化界以外的民主人士，㈡爭取各階層中的進步份子，在新民主主義的文化領導之下，共同爭民主反封建。這種要求，不但必須而且極富於可能性；反封建爭民主已經成為全民一致的公開的要求，以新民主主義本身的中和性，是可以得到大多數的支持的；同時，在封建陣容（廣義的，包括其外圍）中，亦不乏較進步份子，如進步官僚、開明的大中地主等，都有進步（或改良）的要求，也可以爭取其合作。要之，我們該反分化，反國際主義，反宗派，以求發展。

第三，要打破本省的孤立狀態和主觀上的自封觀念，與世界尤其是國內進步文化運動取得密切的聯繫。由於目前臺灣文化的荒蕪，文化運動步伐的凌亂，必須儘速並儘量的吸收世界尤其是國內文化的優良成果，以為借鏡；特別是目前臺灣文化運動的力量尚十分幼弱的時候，要孤軍作戰是困難的，必須儘速並儘量的和世界尤其國內的革命勢力取得聯繫，進而取得積極的支持和協助，才能迅速克制敵人。明白的說，一年來本省的孤立封閉狀態是封建主義者所助成的，至少是他們所喜歡的，有助於他們的延長壽命，因而我們必須無情的予以打破。

在本文前半篇中，我特地不憚厭煩的敍述了中國新文化運動的歷史，並不是說要臺灣的文化運動再去抄老路，從今以後，臺灣文化必須「迎頭趕上」，承繼今日中國與世界嶄新的文化。這就是說：臺灣文化在歷史上雖受過不少的折難，但就今日言，卻是特別有利的，因為整個的中國文化已經有其不可磨滅的成就，新民主主義無論在質量都已佔著絕對的優勢，只要能善於利用，不必再自己去摸索近百年間中國文化運動所走的黑暗而迂迴的老路。過去中國文化革命鬥爭的進程，是孤獨而艱苦的，今日臺灣卻有著業已取得優勢的友軍，這一有利的情勢，保證了臺灣文化運動將有著飛躍的進展。

但也就因此，不免要在沿途遺留下許多未曾殲滅(或打擊)的敵人。或今日臺灣，自古老的死硬封建派以至於洋務運動以後的各種舊思想和國際的保守的自由民主，偏激的國際主義，可說是雜然並陳，這種種雖然暫時可以是新民主主義的朋友，但仍舊必須予以克制，予以改變。在文化革命的進軍時，不能放任他們，讓他們在新文化隊伍的後路存在和擾亂。歐洲文化革命——自封建文化到資本主義文化有數百年的歷史，而中國卻只有幾十年，所以中國現代文化成就還較歐洲各國爲小，並且發展得不平衡，留下了較多的缺陷，且此例彼，我們又可以斷言在若干時期內，臺灣文化的成果定然難以可觀，而且如果不能在一面前進中同時肅清落伍的以至反動的思想，也還有很大的隱憂。這又是我們今後所必須努力的。

一九四六年八月

附錄　從澁谷慘案談起

周夢江

最近東京的澁谷慘案，激起了我們對日本政府的憤慨和關心。澁谷慘案的發生，今天似乎沒有下文了。除了本省人士抗議和我國政府交涉外，佔領日本的盟軍當局（主要是美軍當局），到今天為止，並沒有一些表示。這種不問不聞的態度，實在使我們驚異，而日本政府在盟軍當局這種漠視政策下，非但連最低限度的道歉和賠償都沒有，甚至變本加厲地獎勵兇手，一些反動的議員更在議會中公然幫凶，竟要求嚴厲對付「非日本人」（意指本省及朝鮮旅日人民），內相大村亦公開抨擊「非日本人」妨害秩序，將予毅然取締。這種帝國主義的作風，竟出現於剛剛戰敗的日本政府，使我們不禁猛然的覺悟到：日本軍國主義復活了，日本法西斯主義者又開始顯露出其猙獰的面目了。

但是，今天的日本是在盟國軍隊佔領下的，日本政府是受盟國管制的；管制日本的工作，事實上是由美國一國假手麥克阿瑟將軍來執行的。所以，今天日本政府的一切作為，實是美國管制政策——麥克阿瑟將軍的作風直接或間接影響的結果。

如所週知的，麥克阿瑟將軍對日本的管制顯未依照波茨坦宣言，而對日本反動勢力的過度寬容和支持，卻是公認的事實了。麥帥總部雖已在軍事上解除了日本軍隊的武裝，取消了陸、海軍省，參謀本部等作戰機構，但日本的少壯軍人仍秘密活動，「地下」化的軍火庫仍陸續發現，學校裡仍舊實施軍訓。麥帥雖前後逮捕了幾百個的戰爭罪犯，頒佈清除令，不許那些曾主持侵略機構的人擔任公職，然而，實際上製造戰爭的政閥、財閥卻逍遙法外。最明顯的，天皇仍舊被保留，一切仍以天皇爲中心，由天皇領導。從幣原內閣到吉田內閣都是麥帥一手提拔的，但這些內閣的反動並不見得比以前內閣遜色。而且唯怕民主進步勢力的高漲，提早的進行總選，使議會和內閣完全投入反動勢力的懷抱，使一切命令由這些反動的政權來執行。

政治上既然如此，經濟上構成日本軍事法西斯制度的兩大支柱之財閥獨佔和封建的土地制度亦是一切如故。麥帥拒絕美國愛德華教授解散財閥的意見，強硬反對在目前對財閥採取任何激烈的措置，以爲任何對付財閥之指令，將使吉田內閣處於困境。日本工人要求管制生產事業及沒收財閥的公私財產，亦遭到否決。而且最近日本政府又決定對戰時工廠償付全部戰爭賠償費，企圖使日本財閥得到復甦(日本的工業基礎在戰時並未毀壞)，使戰後的資本更加集中，財閥勢力更加鞏固。同時在土地制度方面，很多的封建大地主並沒有受到絲毫的損害，單以天皇一人來說，他有熟田五萬四千町，森林一百三十萬町，這種土地集中的程度是驚人的，麥帥雖亦有土地改革法案的對策，準備來解決土地問題，但是並沒有觸及問題的核心。遠東委會中蘇聯代表提議的「無償沒收若干日本地主的土地」，亦遭到美方代表的反對而被該會否決。

所以，在日本軍國主義沒有根絕，反在美國——麥帥支持下滋生蔓延的今天，我們要求日本政府改變侵略作風，實在是無異乎「與虎謀皮」。

而最近更值得我們注意的，日本的管制已經發展到一個重要的階段，誠爲麥克阿瑟將軍所聲明的，日本管制的第一階段業已過去而走入一個新的階段。事實的表現是新內閣已經產生，新議會已經召開討論新憲法了。在討論新憲法裡，包含著一個重大的反動的陰謀，實在不容我們忽視。

新憲法草案的制定完全是日本反動派包辦的，初則讓戰爭元凶的封建貴族近衛來起草，繼則任由幣原內閣交給國務相松本烝治（亦是淸除單上的戰犯）擔任，起草後並未與遠東委員會磋商，匆匆由麥克阿瑟批准即交議會通過。這顯然違背了莫斯科三外長會議的決議，因爲按照莫斯科會議的規定，日本政府及政治上的一切重要變動必須先由遠東委員會通過，起草憲法是最大的變動卻不交遠東委會研究，而由麥帥擅自批准即交日本議會通過，因此引起了遠東委會各盟國代表的不滿。遠東委會對日本新憲法草案修正的決議，雖已由美國務院送交麥帥總部，但美國對日政策如仍一成不變，那麼，這個富有封建氣味十足軍國主義的新憲法草案，便會安然在爲反動派所佔據的議會中通過的。

據各報透露的有關新憲法的內容，我們知道非特天皇被保留，而天皇的一切特權亦更加以明白的規定，且被認爲「國家與人民團結的象徵」。主權問題並未明白規定在人民之手，而在於「包含天皇之國民」之手，貴族院雖已被廢棄，但是代以縮小衆議員權限的參議院，本質上別無二致。而且狡詐的日人利用日文與英文的不同，新憲法草案的日文及英文間，竟有若干差異，單看英文本頗有民主性，日文本則異常含糊。總之，日本的憲法是在舊統治階級一手包辦下起草的，沒有人民代表的參加，也未經遠東委會的審查通過，匆匆由麥帥認可後交給一個由反動勢力控制的議會通過，其用意是昭然若揭的。就是美國有意縱容日本反動勢力，使這個保護反動勢力的憲法迅速通過，使反動勢力獲得更進一層的「法律」保障。

至於最近美國所擬定的中美英蘇解除日本武裝二十五年協定草約，並不值得吾人重視。因為對日本的如何管制，已經一再的協議過，但是今天仍不過一紙具文而已。美國的對日管制政策如不改變，則日本局勢難望好轉，日本的法西斯主義更易膨大。

為什麼美國管制日本的政策，故意採取寬容反動勢力的態度，實是與美國目下整個外交政策有關。美國唯怕徹底的摧毀了反動勢力，日本政府可能轉向「左」傾，便不再唯美國之命是聽，同時更主要的一點，保持日本的相當實力，維持遠東的均勢，對抗中國，以至建立反蘇的保壘。

但是我們要提醒美國，今天的日本太像第一次世界大戰後的德國，當時德國在英國的綏靖政策下壯大了，結果引起了這次大戰，為禍世界，傷害及英國自己；而今天美國對日管制政策如不及早改變，噬臍之禍，美國又何能免呢？

歷史是不允許重演的，作為盟友的我們，為了自己，為了人類，願意向美國友人進一忠告。

舊事重提——記《和平日報》

周夢江

台灣《和平日報》是一九四六年四月一日在台中市出版，一九四七年三月間被封閉。在漫長的台灣新聞史上，僅是曇花一現。

作爲國民黨軍方報紙的台灣《和平日報》，最後被台灣警備司令部所封閉，可謂一件奇事。造成這一結果，我和王思翔（張禹）實難辭其「咎」。

一、籌建《和平日報》

有些事得從頭說起：一九四五年抗日戰爭結束後，我從福建一家報社辭職回家。這時王思翔寫了一篇題爲《春暖花開之前》的通訊，發表於浙江《東南日報》，揭發平陽縣長張韶舞的罪惡。張韶舞統治平陽六年，他的「政績」正如著名作家王起（季思）的詩所述：「黃梅雨，平陽苦，萬民切齒張韶舞」。可是張某有權，他派兵捉拿王思翔，因我與王是姑表兄弟，我自己也曾得罪過張某的狗腿子，因而同受張某的追捕，遂一起逃出家鄉，輾轉來到上海。我在一家報社籌備處任職，王到杭州找朋友謀職業。一九四六年二月，王偕樓憲(尹庚)來到上海，要去台灣，我也決意同行。原先打算幫樓憲接辦基隆女子中學，因去遲了，女中已被他人捷足先登，致使我們三人無法立足。好在王思翔在杭州時已有朋友替他介紹到台中《和平日報》任職，於是三人便到台中找《和平日報》社長李上根謀一個生活出路。

李上根是浙江東陽人，和王思翔同是抗日初期中央軍校第三分校第十六期畢業生。他當時是台中駐軍第七十師「掃蕩簡報」班的負責人，籌劃將簡報擴充為日報，正需要人手，於是聘請樓憲為經理，王思翔為主筆，我為編輯主任。

這時台灣已有十多家報社，主要有《新生報》(台北)和《中華日報》(台南)，前著是省長官公署的機關報，後者為國民黨中央宣傳部所辦。此外還有國民黨台灣省黨部的《國是日報》(台北)以及《人民導報》、《大明報》、《民報》等(均在台北)。各報都是向全省發行的，各大城市和縣城都遍設分社，推銷報紙和採訪新聞。其中《新生報》經費充足，長官公署的公告專在該報刊載，銷路自然不成問題。《中華日報》有中宣部支持，其他報紙亦各有其社會背景，並已爭得一塊或大或小的生存空間。台灣《和平日報》雖名為國防部機關報，但實際上並未得到國防部的支持，也未為南京《和平日報》總社所認可。原來簡報班的編制很小，經費少得可憐(我們三人也是編外人員)，要在競爭中站得住腳，困難不小。

在報紙創刊之前，即一九四六年三月間，李上根叫本地記者施英梧擬了一份台中各界知名人士的名單，並由施英梧引領我們三人分別前往拜訪，以爭取當地人士的支持。我們先後拜訪過已退居林園的台灣大紳士林獻堂，台中市參議會議長黃朝清，三民主義青年團台中分團主任張信義，實業家張煥珪，作家和文化人張文環、莊垂勝、葉榮鐘……等等許多人士。這使我們開始結識本地人士並對當地情況有了一些初步了解，爲後來的工作做了一點舖墊；但當時並沒有甚麼具體成效，除了一些人的口頭支持和鼓勵。

二、謝雪紅介入報社

在遍訪台中社會名流時，我們曾到大華酒家拜訪過謝雪紅。當時我們沒有想到要取得她的支持。因爲《和平日報》是國民黨軍方報紙，我們都是國民黨員，不知道她對我們的看法如何。而且我們只知道她是台中市婦女會會長，曾是台灣共產黨員，對其他情況毫不了解。

在第一次禮節性拜訪之後，有一天中午，一些七十師政治部人員在李上根處吃飯，飯後談論台中人物，他們談到了謝雪紅。說謝氏出身貧苦，賣身葬父，做過下女，逃到日本，回國參加北伐革命，留學蘇聯，在台灣被日人囚禁等等。她的傳奇性的身世和反對日帝的事跡，使我感到驚奇，因而萌發了想去接近的念頭。當天下午，我便以記者身分再次訪問大華酒家。

那天剛好有十幾個青年男女和她一起吃菊花鍋，她熱情的邀我參加。當時參加的人除了謝氏外，其他都是和我年齡相彷的青年。青年人沒有俗套，談了一會都熟了。這時我了解到除個別青年如何集準是台中商業學校教師外，大多數人都是待業青年。我想報社正缺人手，可以從這裡物色人才。便和謝談了，她表示非常樂意。我回報社徵求王、樓二人的意見，得到他們的贊同，於是第二天我們三人一起又去看謝雪紅，謝氏陸續介紹楊克煌、林西陸、蔡鐵城、黃玉鶯和一些青年到報社中來。我們請楊克煌爲日文版編譯課長，負責日文版（當時台灣同胞大多只識日文，不識中文，所以這時台灣一些報紙都有日文版，刊載社論和重要新聞）。林西陸爲經理部發行課長，蔡鐵城爲採訪課記者，黃玉鶯爲資料室資料員。當時謝氏介紹來的人很多，有的中途走了，現在名字記不起，宿舍裡的幾個女佣人也是她介紹的。古瑞雲（周明）在《台中的風雷》一書裡說楊克煌進入《和平日報》是《大公報》記者李純青介紹，這一說不確實。李純青於一九四六年秋間來台中，到過《和平日報》社，和我們見過面。他的訪問純粹是禮節性的，他與李上根以及我們過去都不相識，毫無關係，不可能憑空介紹楊克煌的。而且這時楊早已在報社工作了。楊克煌是謝氏的主要助手，以後台中市長黃克立一再向我們施加壓力，要辭退楊克煌，李上根乘取消日文版的機會將他解雇了，這是後話。

謝雪紅介紹自己的人進《和平日報》工作，我以爲主要是想通過這些人的作用，使報紙能多少爲台灣人民講些公道話。但是《和平日報》是軍方報紙，全部電訊來自官方的中央通訊社，大方向是改變不了的，我們只能在社論欄、地方新聞版和日文版做點文章，揭露當地弊政，呼籲減輕民間疾苦等。我們和謝雪紅以及楊克煌等逐漸接近後，自覺或不自覺地受到她的影響。而她也因為我和王思翔年輕、有正義感，對我們也相當器重。這時，國內政治空氣還比較好，在美國特使馬歇爾的調停下，國、共兩黨的和平談判正在進行中。所以報紙創刊後的兩三個月內態度比較激進。記得當時上海《大公報》（也可能是《文匯報》）在談到台灣新聞界時，認為台灣《和平日報》較為新穎。正因為如此，這時《和平日報》逐漸打開局面，銷路猛增，不久就突破一萬份，成為僅次於《新生報》的台灣第二大報。

三、丁文治的「失蹤」

謝雪紅通過我們批評以陳儀為首的台灣當局，這和李上根辦報方針也有符合之處。當時國民黨政府腐敗日甚，弄得全國民怨沸騰，民變蜂起，連國民黨內有識之士亦莫不痛心疾首。台灣光復後幾個月時間，陳儀治下的腐敗無能就充分的暴露出來：工廠停產，農村歉收，物價飛漲，民不聊生。致使一些台灣同胞認為陳儀政府比日本殖民統治還不如。李上根當時也很年輕，不能不看到這點，所以他也想將《和平日報》辦成《大公報》式的比較公正客觀的報紙。去年七月他寫信給我說：「當時去台的目的，是想利用台灣搞新聞事業的有利條件，辦一張像《大公報》類型的企業化的報紙」。可是實際上倣效《大公報》那樣「大捧小罵」，也是很不容易做到的。五月間，台中縣一位姓施的參議員被警察毆打成傷，寫信向報社投訴。我們將信刊登出來，並發表短評批評台中縣警察局違反法紀。日據時代的台灣警察的威風，我們來台灣後約略有些知道，但想不到光復後的台中縣警察還這樣兇橫。當天下午，二十多個警察竟持槍衝進報社，在經理部圍住李上根辱罵。我看情況不對，偷偷打電話到七十師政治部求救，政治部馬上派人帶些武裝兵士來解圍。台中縣長劉存忠知道自己部下理虧，當晚設宴陪禮道歉。由於台中地區這些縣市的官員、軍警胡作非爲，欺壓百姓，我們時常加以揭露。這些市縣的長官如黃克立、劉存忠等人，一方面自己手腳不乾淨，一方面又不約束部下，反怪我們揭發。他們無法搗毀報社(因《和平日報》畢竟是軍方報紙，七十師正駐紮台中)，便向陳儀告狀，說《和平日報》被謝雪紅控制了。

陳儀對《和平日報》開始並未注意，而我們對陳氏的台幣、專賣政策等等，大體上還是理解，認爲它多少可以使台灣避免大陸的惡性通貨膨脹的影響。六、七月間，李上根聘請上海《僑聲報》駐台記者丁文治擔任報社採訪課長，長期駐台北採訪新聞。他從台北發回來許多大官貪污的新聞，如有名的專賣局長于百溪、任維鈞貪污和台北縣長陸桂祥貪污案等，我們一一照登。同時，丁文治還用眞名在上海《僑聲報》發表了《看陳儀的小王國——台灣》、《陳儀儼然南面王》等通訊文章。聽說陳儀自己倒比較儉樸，但他包庇部下如任維鈞、于百溪等大貪污犯卻是事實。丁文治的新聞通訊和上述黃克立的告狀，結果使陳儀注意《和平日報》的動靜。這時，台灣新聞界傳出許多流言，說陳儀打算提升李上根爲台灣警備司令部高參，並聘報社幾個高級編輯爲省府參議等等。可是不久，丁文治突然失蹤了。

原來陳儀在不知台灣《和平日報》的底細前，先傳出這些收買消息使李上根迷惑，然後他派省府秘書長葛敬恩到南京去摸底，在知道李上根沒有甚麼大背景的情況下，就命令警備司令部參謀長柯遠芬將丁文治秘密囚禁起來。消息傳到台中，我們要求李上根去保釋，交涉結果，陳儀和柯遠芬同意釋放，但要丁文治馬上離開台灣，不准再回來。丁文治便由李上根陪同離開台灣，後在南京《中國時報》工作。因我與他以後沒有聯繫，不知他後來如何。

四、矛盾重重終被封閉

《和平日報》創刊後，報社的內外矛盾一直沒有停止過。先是和李上根一起在掃蕩簡報班工作的韋佩弦，自家鄉探親回來，不滿於僅擔任主任秘書工作，要求兼任經理部經理。樓憲本來就無意長期在報社工作，便辭職到台北去了(以後於同年七、八月回台中，任台中第二中學校長)。我和王思翔是和樓一起來的，本來對《和平日報》這種軍方報紙興趣也不大，這時便想乘機一起辭職，後經謝雪紅和楊克煌勸阻，才留了下來。爲了某些工作上的方便，我們二人推薦林西陸兼任副經理。

因《和平日報》時常揭發、批評台中地區官吏、警察的違法行爲，他們視報社爲眼中釘。搗毀既不可能，便派人毆打報販，扣押通訊人員等來與我們爲難。特別是彰化警察局多次扣押我們的通訊員（都是本地人）。他們這樣蠻幹，也阻止不了報紙的發行，於是台中市長黃克立除向上級誣告外，還派來一個市府秘書游芳敏，由李上根聘為主筆（王思翔調為副刊編輯課長），企圖控制報社的言論、新聞。這位游秘書文筆不佳，程度又差，寫的文章文理不通，李上根只好叫王思翔改寫。同時，報社台灣籍員工都瞧他不起，背後叫他為「Newbis」（游祕書的諧音牛皮司）。這人在報社住了二、三個月，大概覺得自己沒本事控制新聞言論，報社也無油水可揩，便悄悄走了。

丁文治「失蹤」後，《和平日報》與陳儀的矛盾並沒有緩和下來。十一月間，《和平日報》誤刊了「陳儀辭職照准」的新聞，使陳儀大為惱火，決定封閉報社。這事的經過是：一天晚上，電訊室送來一則中央社電訊，大意是「陳儀呈請辭職，中央照准」。這則新聞太重要了，編輯部幾個人不敢決定，找來李上根，又叫來韋佩弦、王思翔（這時王已恢復主筆職務）。大家認為應該刊登，於是作為頭條消息發排。誰知到了下半夜一、二點鐘，中央社通知取消這則新聞，可是這時報紙已經印好發往外地了，無法收回。第二天，台灣全省報紙未載此項新聞，唯獨《和平日報》一家刊登。陳儀、柯遠芬認為是有意搗蛋，柯某並親自打電話來查問。李上根怕起來，到台北向他們解釋，又到南京《和平日報》總社求援，可是都無用處。長官公署下令，不准台灣《和平日報》刊登政府公告，停止配給官價的白報紙……，剝奪了《和平日報》作為官方報紙應該享受的一切權利，使報社受到沉重的打擊。

這時，王思翔向李上根建議，將報社改為民營，轉讓給台中工商界人士。為此，王思翔曾安排李上根和台中實業家張煥珪會談。張氏是個對文化事業有興趣的人，當時在台中市擁有中央書局、印刷廠，但不知甚麼原因，會談沒有成功。

李上根到南京求援，帶回張煦本任副社長兼總編輯，謊稱是上級派來的。但據他去年給我的信，這實際上是他自己捏造的。張煦本是他軍校時同學，也是某一個掃蕩簡報班負責人。當時在南京《中國時報》任主編，不甚得意，就隨同他來台，扮演一個上級派來的人物。他們對編輯部進行大改組，我被調爲花蓮港分社社長，王思翔被免去主筆職務專任副刊編輯，我們兩人被調職，是和我曾與王思翔、樓憲在謝雪紅支持下出版《新知識》雜誌有關。該刊出版後即爲台中市政府查封，樓憲也在這年冬被免去台中二中校長職務。以後我不願去花蓮港任職，於一九四七年一月向李上根辭職，到台北市《中外日報》編輯部工作。

李上根將張煦本帶來，謊稱是上級派來的人，這只瞞住報社裡的人，卻瞞不住別人。據李上根的信說：軍統秉承陳儀、柯遠芬的意旨，早已決定封閉《和平日報》，只是一時找不到藉口而已。一個月後，「二·二八」事變發生了，事變中，《和平日報》應台中處委會的要求，出過幾期簡報，刊登一些電訊和地方新聞，這就給陳儀等人抓住把柄了。罪名是「事變期間，言論反動，煽動叛亂……」，就被封閉了。王思翔倉皇逃離台灣，李上根被逮捕，扣押一段時間，才被保釋。台灣《和平日報》就是這樣曇花一現，壽終正寢。

曇花一現的《中外日報》

周夢江

《中外日報》是一九四七年二月一日在台北創刊的。這是一張壽命非常短促的日報，從創刊到「二・二八」事變停辦，加上事變中出了幾天臨時版，總共也不過三十多天。

這報的董事長是林宗賢。他出身於台灣首富林本源家族。林家遷自福建省漳州龍溪縣，在台灣經商發了財，報效清政府很多錢，捐了大官，又利用政治權勢賺回更多更多的錢。林宗賢的祖宗官至太僕寺正卿，台灣民主國議長，是台灣近代史上有名人物。林宗賢本人既有大批土地，又有不少企業。聽說他在日據時代，是皇民奉公會台北州最高幹部，日軍參謀部囑托。台灣光復後，他又是國民參政員，是國民黨政府最高級民意代表。

社長鄭文蔚是浙江台州人，來台灣之前是國民黨CC系的人員，浙江《東南日報》採訪主任。來台後，巴結上陳儀，成爲國民黨政學系紅人，長官公署參議，台灣紙業公司總經理。後因在「二・二八」事變中有功，陳儀於一九四八年調任浙江省主席時，將他升爲江山縣長。一九四九年間被判罪服刑，聽說現已亡故。

我是由陳本江介紹給林宗賢的。陳本江這人我不了解，以後聽說是中國共產黨黨員。當時我是經謝雪紅介紹的。陳這人我在謝雪紅處見過幾次，因謝多次告誡我不許問她客人的姓名(她當時是說台灣的風俗，以後才知道是他們地下工作的規定)，因而我不認識陳本江。只是當我要離開台中《和平日報》需另找工作謀生時，有一天，謝將我介紹給陳本江，並託他在台北《中外日報》替我找一工作(周明即古瑞雲也是由謝託陳介紹進《中外日報》任會計的)。陳本江開始大概在林宗賢的公司裡工作，《中外日報》成立後，他擔任參事(或稱專員)，是一種顧問性質的工作。陳本江這人看去有點神秘感。據他自己講，他曾在東北和北京一些大學任過講師，以後又是報社高級人員，可是一些知識分子氣味都沒有。西裝外面掛著懷表，手上戴個很大的金戒指，表面看去是個道地的商人。那天他帶我去見林宗賢，僅是介紹我過去曾在報社工作，又說我和他是在路上偶然碰到，他要找你，所以帶來。我當下有點奇怪為什麼如此說，幸好該報需要人手，就講定了。更奇怪的是，當晚我沒有地方住，只好住到他的公寓裡。陳的家眞是可說一無所有，除了一張床和棉被外，一本書也沒有，我想他既是大學講師，專業書和一般消遣書籍至少也有幾本。我問他，這是否是你住宅，他回答很肯定。我想謝雪紅也是黨員，家中也像個樣子，為什麼他是如此。以後他住在報社的經理部，我住在編輯部，兩地相距頗遠，我有時偶然去經理部時，也沒有再看見他。聽說他在前幾年病故了。

林宗賢財力雄厚，在台北頗有名望，鄭文蔚報人出身，在官場中相當活躍。所以《中外日報》的創刊也震動了台北的新聞界。鄭文蔚對報社控制很嚴，上自總編輯、主筆，下至校對以及幾個勤雜人員，都是他從國內聘請來的。只有我和幾個台灣籍外勤記者是林宗賢聘來的。有的書說，陳本江在報社權力很大(見《辛酸六十年》)這只能說林宗賢可能比較信任陳本江，但編輯部的事都是由鄭文蔚作主，林宗賢恐怕也無法插手。

報紙正式創刊之前一二天，林宗賢和鄭文蔚分別對編輯和科室負責人進行慰勞。林宗賢請我們到板橋參觀他的府邸。板橋又名枋橋，林家府邸建築規模之大，園林之勝，在台灣首屈一指。據說林家府邸建築於淸咸豐三年(一八五五年)，那時國內南方一帶正是太平天國洪秀全起義之時，戰爭頻仍，民不聊生，而台灣林家卻在這時大興土木，可見此時此地的台灣是個世外桃源，並未受國內戰爭的影響。可以想像得到，福建、廣東居民這時也會大量遷居台灣。

林家府邸的確大，黑壓壓一片，都是九間或七間的大瓦房，走了一進又一進，記不淸走了幾進房子，最後在一座房子的大廳裡休息。房子的樣式和浙、閩一帶淸代建築的房子一樣，只是我們進去時，是從側門進入的，第一進卻完全閉住，大門也不開。後來我和幾個同事去看，原來這座房子廳內擺著許多「迴避」、「淸道」和林家祖先官銜的木牌。舊小說有說當貴賓降臨，大開正門迎接。我們這些編輯是林氏下屬，所以正門未開。我們在大廳休息、喝茶，廳內掛有匾額、對聯以及聖旨、誥命之類東西，有些同事仰頭觀望，我因腳走酸了，只是喝茶，錯過了欣賞機會，因爲不久即招呼我們午宴了。吃過飯，馬上去遊園，花園就在房子的左首，花園很大，據主人介紹，占地五萬多平方米，是倣蘇州獅子林花園建築的，不過據我個人看來，(或許我們當時去遊的季節不對頭，是在陰冷的舊曆正月，正是在春暖花開之前），不及獅子林花園配置得宜。我們看到的，雖也有亭榭、樓閣、假山、小橋、流水，花木成行，但是空曠之地較多，加上季節不對頭，樹木凋零，花草不多。但是園子比獅子林大得多，走了半天，女眷們都叫走不動了，便在一個亭子裡稍事休息，吃些點心，一直玩到傍晚才算遊完，乘車回去。寫到這裡，今天台灣社會經濟有了很大發展，板橋當更興盛，不知林家府邸這些古建築和花園是否依然存在？頗令人懷念。

鄭文蔚的慰勞又是另一種方式。有一天，他帶編輯部編輯和一些科室（如資料室、電訊室）負責人員到北投去玩，那天我正好因事回台中未去。事後，聽同事們說，他們住在一個旅館裡，當晚酒宴之後，洗了澡，鄭文蔚找來一批妓女，打算慰勞他們，可是這些編輯先生一怕染上梅毒，二來也有點知識分子愛面子心理，大家都不敢要。鄭文蔚無法，除留下兩個陪自己外，其他的妓女只好付錢打發她們回去。這件事，編輯部裡同事以後在很長時間內還作爲談笑資料。

鄭文蔚對報紙的言論、新聞控制很嚴，名義上這是一家民間報紙，但是他對陳儀長官公署的偏袒，比長官公署的機關報（當時的《新生報》）還要厲害。他公開在編輯會議上說，我們要竭力維護長官公署的一切措施，不能效法台灣民間報紙批評政府的做法。我開始是編國際新聞的，一個星期後，不知何故？他調我負責地方新聞的編輯。當時台灣官吏貪污成風，台灣籍記者寫的新聞大多是揭發長官公署或各地政府的醜聞，鄭的親信採訪主任陳陣看到這些稿件，都撕了丟進字紙簍。但是陳陣不久即患上性病，很少來上班。我卻像在《和平日報》那時一樣將這些新聞刊登出來，鄭文蔚看了很生氣，但因我們的聘約是六個月的，不能馬上將我辭退，便將我調編副刊中的社會服務版。這是每周只有兩期的，空閒倒是空閒，但情緒不安，打算辭職到其他報社去，這時我有個過去在福建南平《南方日報》的老同事正在台北一所報社裡任總編。這位老先生眼睛有病，視力很差。早在《南方日報》時，他教我如何寫社論，如何編稿，如何設計版面，我則幫他編稿，而且代他看大樣（他是總編輯，每天清晨由他看完大樣，簽名負責，才上機印刷），他連私章都交給我，由我代行。這時，他要我到他的報社去，將總編位置讓給我，自任主筆，這樣可使他工作量大大減輕。他因爲很需要我去，好幾次到經理部找我，這消息被陳本江知道了。一天，陳本江找我談話，開門見山地勸我不要離開《中外日報》，批評我做事不能專爲自己著想。並且意味深長的說，以後你還有事可幹的。因爲我是謝雪紅託陳本江介紹來的。如果勉強走了，謝雪紅和我的女友一定會怪我，因此又只好留著，心想回台中向她們說明清楚後再走。想不到「二・二八」事變很快發生，鄭文蔚離開報社，林宗賢派蘇新接辦，陳本江打電話要我支持蘇新，我這粒「棋子」果然以後有些用處。陳本江這些地下工作者，有預見，有計劃，確也使我佩服，但是使我也差點丟了性命。這是後話。

這段時間，我和台灣編譯館許壽裳、李何林兩位先生有過交往，一九四六年十二月間王思翔和台灣作家楊逵在台中創辦《文化交流》月刊。開始時我是參加的。曾在台中一個文化人藍運登的妻子的診所裡商談過幾次。因我當時已決定離開台中到台北或基隆工作，經常到台北代理原《和平日報》採訪主任丁文治（丁被迫離台，見《舊事重提——記和平日報》）的工作，住在台北《和平日報》

分社裡，於是王思翔要我向許壽裳先生約寫回憶魯迅的文章。我到編譯館去過好幾次，許老先生答應寫了一篇《記魯迅先生二三事》，刊於《文化交流》創刊號（見《想到了許壽裳先生》）。同時，我也因此認識李何林與李霽野兩位先生。李何林先生人很熱情，不久即親自送來一篇稿子，由我轉給王思翔，刊於《文化交流》第二期，不幸由於「二・二八」事變，該刊在付印時被迫停辦，全部稿件包括李先生大作都失落了。「二・二八」事變開始時，李何林先生又到《中外日報》找過我，談了很久，他很同情台灣人民的起義。以後彼此都回到大陸，因當時環境不似今天，我不敢和他聯繫，聽說他已亡故了。

《文化交流》是純文化雜誌。我們因有創辦《新知識》被查禁的經驗，這個雜誌不談政治，只是介紹大陸與台灣的文化。雜誌的封面是「孩子（台灣）投入母親（祖國）的懷抱」。是《和平日報》美術編輯陳庭詩畫的，陳庭詩是個聾子，他的筆名就是「耳氏（耳）」。最近《辛酸六十年》三一二頁有這封面的插圖，但作者說是藍運登的作品，這是失誤。藍運登這人，王思翔和我過去與他不相識，以後也沒有聯繫，當時是楊逵介紹的。《文化交流》創刊號除了許老先生大作外，有楊逵回憶台灣作家賴和的文章，我有一篇《台灣史話（一）》，是探討新石器時代台灣土著族與大陸百越之族的關係。這是我最早所寫的歷史文章，當時我打算繼續寫下去，所以作爲史話之一，因爲以後倉皇離台，資料都未帶走，而且由於自己年輕，不愛惜自己辛勤筆耕的成果，所有文章都用筆名：黃鳳炎，黃英等等，在台灣一年我約寫了十來萬字，至今隻字未存（包括那篇《史話》）。倖幸的是，今天溫州市圖書館藏有殘缺的上海《文匯報》，還保存了我當年寫的通訊《台灣的祕密》和《台灣最近物價的漲風》二篇文章，後一篇文章最近收錄於《台灣「二・二八」事件檔案史料》的「事件背景」中。

「二・二八」風暴終於來臨了。它的來臨，身爲新聞記者的我們是有點預感的。因爲台灣同胞對陳儀及其部下已是痛恨到了極點：見之於報紙的，有一位台灣汽車司機，爲了不堪受陳儀的部下侮辱，竟在花蓮港公路上將車開足馬力，衝進大海，甘心和他們同歸於盡。不見於報紙的，據說在長官公署大門上張貼了一張漫畫：「陳儀是肥豬」。但是我們想不到起義來得這樣迅猛。在事變那天，因採訪主任陳陣患病未癒，鄭文蔚派我出去採訪新聞，一些省議員到長官公署請願，我同車前往，結果遭到重機槍的掃射，還算幸運，沒有受傷。這些我在《二・二八事變見聞記》中講過了，不再重複。

蘇新到《中外日報》出版臨時版事，我也在〈二・二八中和蘇新相處的日子〉裡談了。但是有一點想講幾句：這張八開的臨時版是在編輯部編的，當時蘇新也住在編輯部。可是今天有人竟說這臨時版是在經理部編的。經理部一無電訊室，二無排字房，三無印刷機。不知他們拿甚麼新聞來編，到何處排印。這報上的確刊登了許多「二・二八處理委員會」的公告和王添灯談話，但這是蘇新上午到林宗賢處拿來的。還有一說更離奇，說他們當時在台北組織記者公會。據我所知，當時除《新生報》外，台北許多報紙也出過臨時版，但由於當時情況混亂，街上時有槍聲，各報都是自己照管自己，只是叫報販在街頭巷尾貼幾張給人看看，根本沒有與過去那樣彼此交換，彼此往來。在這情況下怎樣組織記者公會呢？我認爲記述歷史事實，應當實事求是，這是每個人應該有的品德。吹噓自己，誇大事實，旣會一時模糊眞相，最後也會使後人取笑。

最後我想再簡單說幾句自己如何離開台灣和自台至上海的情況。

因爲鄭文蔚要捉我，我被迫東藏西躲。先到樓憲家中住了二天，他因掛名《新知識》編輯，台中二中校長被撤職了，正在台北尋覓工作，也不便多住；便到台北法商學院找楊選堂，他當時是該校講師，他是和我們一起到台灣的，以後也辦雜誌，也轉載過我的「論如何治理台灣」的文章，住了二天，因他的朋友太多，恐洩漏行蹤；便轉到《自立晚報》編輯部同鄉周定成處居住，他是住集體宿舍的，更不便；於是便設法到基隆去，幸虧陪伴我的友人郭君事先給我一塊機關證章，通過了路上的檢查。在基隆，我天天到海邊尋覓到溫州的船隻，但這時陳儀下令封鎖港口，不准船隻進出。基隆的碼頭是直接連結火車站的，平日人山人海，熱鬧非凡，可是這時的海灘，地上到處血跡斑斑，渾濁的海水時常泛起腐爛的屍首。我知道這碼頭曾經有過血戰，但想不到時隔十數日之久，這裡還是如此悽慘。無可奈何之中，天天在一些同鄉人開設的船行裡閒談、打聽船隻消息。有一天，遇到一位同鄉陳老先生，攀談之下，他的大女婿是先父好友，他也認識先父，於是便邀我住到他的第二個女婿家中，他的女兒、女婿當時在基隆市政府工作。過了幾天，台灣駛往上海的第一艘輪船通航了，這時陳儀軍隊正在各地「淸鄉」，他知道一定有很多和事變有關的人會乘船逃走，於是規定購買船票必須呈驗本人相片兩張和原單位證明信。《中外日報》已被查封，鄭文蔚又要捉我，我不能用自己相片去自投羅網。幸好我在福州讀書時有幾個閩南籍的老同學當時也在台北工作，於是我去找在台北救濟總署工作的曾本立兄，他帶我到基隆找到另一位同學，搞到一張船票。臨別時，曾兄知道我身無分文，脫下手中的金指環給我做路上費用，此恩此德，我一世忘記不了。我回到溫州後，爲了怕連累他，不敢給他寫信。以後兩岸隔絕，更無法聯繫。近幾年我託泉州市中國海外交通史研究會秘書處人員查訪，終無消息，我謹在此祝福他健康長壽。

回到上海，上海這個地方人浮於事，找工作非常困難，我賣了曾兄給我的金戒指，沒有幾天，用完了，吃飯也有困難。當時我住在四川中路《前線日報》朋友的宿舍裡，他也供養不起。現在回憶不起，不知甚麼緣故，也不知甚麼關係，我到台灣駐滬同鄉會李偉光醫師家中吃了幾天白飯，中飯、晚餐都在他的家中吃。記得他當時住家和診所是分開的。我在他家白吃了一個星期，因爲我和他不相識，而他似乎知道我是台灣《和平日報》記者，是從台灣逃出來的。而我則不知他的底細，兩人無話可談，但是他的招待倒相當熱情，在此對他表示感謝。以後我調到上海台盟總部，也曾去拜訪過他，才知道他的家原是個聯絡站。正因爲我不知他的底細，不敢多打擾他，不久我就因人介紹到杭州找尋工作，在杭州《當代晚報》任外勤記者。這個報紙是我的同鄉人辦的，幹了一個月，連工資也不發，我只好回到溫州工作。

今天，離開台灣已有四十多年，在溫州寓居也有四十多年。我也老了，回憶過去，人生若夢，往事如煙，記下當年一鱗半爪，聊誌不忘而已。

戰後初期的台中文化界

王思翔

芸芸女士：

信收到了。承垂詢台灣光復初期台中文化界情況，重又勾起我的許多記憶：

在我到台中不久(當在一九四六年秋間)。就認識了一批本地文化界人士，其中最重要的是楊逵和莊垂勝兩位先生。他們都以極其深厚的友情給我許多幫助和支持。我以爲，這是他們長久積蓄的愛國主義思想感情的表現。他們都在積極設法加速與祖國文化認同的過程，我雖然當時還很淺薄，但有一點青年人的純潔和熱情，而且比較知道尊重台灣人和歷史、文化的必要，因爲受到他們的厚愛，也參加了許多文化人的活動。那時候台中文化界的一個活動中心就是莊先生主持的市圖書館。除經常性的交往外，有兩次活動都是以《和平日報》和市圖書館出面爲「主催」單位：一次是著名小提琴家馬思聰先生來台中演奏，取得極大成功。我記得在一位林先生家舉辦了歡迎酒會，楊逵和十多位朋友出席，由我代表台中文化界致歡迎詞。這次演奏會在市民館（編註：演奏會在台中戲院，由陳信貞女士鋼琴伴奏）開了兩三天，每場客滿，可說是台中光復以來第一次盛大的音樂會，也是台中市民第一次欣賞祖國音樂的名作。另一次是台北記者組織的曹禺名劇《雷雨》的演出，也取得很好的效果，不少人在觀劇前設法找到劇本閱讀並進行討論，反映強烈。

上文提到的林先生，我已忘其名字，當時約三十歲，家中頗富有，他家的大客廳就是一批青年的文化沙龍。我去過好多次，每次見到一些人在談論文學和藝術上的問題。雖非正規的組織，卻也是個大家交換意見的地方。林先生不是名人，但熱情好客。我不記得尊翁是否在那裡出現過，只記得楊逵夫婦在歡迎馬思聰那一次在場。

另外有一件很有意義的事情，就是我在台中創辦《新知識》和《文化交流》兩份短命雜誌的經過。先是我和周夢江在謝雪紅支持下辦了個《新知識》，在一家叫做「白鳩堂印刷廠」排印中，莊先生見到了，十分讚賞，立即親筆爲雜誌寫了刊名（他的書法極好！）。這個雜誌出刊之日即被市警察局没收了。不久，張煥珪先生（和尊翁與莊先生均爲好友）特地派人邀我到他的商行見面，表示支持我繼續搞文化活動。過些時候，有一個青年人叫藍更與（衣？）即藍運登的來找我，說是受張煥珪先生之托，邀我和楊逵一起辦個文化刊物，由張負責資助。這便是後來出版的《文化交流》。早些時候，我和開過書店的張星建先生也討論過出版事務，他也有意幫助我，我想兩位張先生都是台中文化人中的熱心人物，這事他也可能參與贊助的。我和楊逵二人對這個小刊物都寄予大的希望，希望在這個基地上把文化交流的事情搞開去，所以雖然不拿錢，都很用心。編稿的地方就在藍的妻子所開的私人診所樓上。第一期上有許壽裳老先生的文章，那是我叫在台北的周夢江去要來的。第二期還有李何林先生的文章，也已編好，就被「二•二八」打斷了。鍾逸人的回憶錄中說《文化交流》是藍負責、楊逵主編的，與事實不符。因爲當時所謂「交流」，主要是介紹祖國文化於台灣；而這一方面，藍、楊二人是毫無辦法的，何況那時楊還只開始中文寫作。鍾又說封面是藍設計，也不對，那是《和平日報》一個畫家名陳庭詩（福建人，筆名「耳氏」）畫的，細看鍾書的複印件當可隱約看到一個「耳」字，可以爲證。那幅畫上，一個小孩身上寫著「台灣」二字，撲向祖國母親，是包括楊、藍和許多台灣人共同思想的表現，也眞切表明當時台灣文化界所有活動的中心內容。爲編好這個小刊物，我還向上海的文化界名人胡風、葉以群、許傑、趙景深諸位寫信約稿，倘不中斷，這刊物大有可爲的。另一方面，我也準備借此同台灣的前輩學者們，包括尊翁和張深切以至林獻堂老先生合作，整理和研究台灣文化，並把它介紹到祖國各地。刊物雖然夭折了，仍可紀念，也頗有研究的價值。

附上兩份複印文章，是我的拙作。一篇回憶，寫於一九八〇年，當時還不知道楊逵先生是否活著，不過那時的感情卻是眞摯的。另一篇是在胡風先生逝世後寫的，通過胡風和楊逵二人的文字之交，提示楊的愛國民主思想。寄給您的意思，一來或可作爲參考；二來，如果方便，不妨轉寄給楊先生的家屬，聊以表達我這個朋友對楊先生和楊夫人的懷念之情。不知您以爲可否也。
即頌
大安！

一九九〇・十一・七　思翔

附錄 釋「文化」

王思翔

從前有許多人——現在也還有——把文化看做神秘的、高貴的、超現實的東西，其實是不對的。所謂文化，就是人(從個人以至群體)要想用自己的理智的力量，去戰勝自然界，而創造出來的「第二個天地」。在遠古，人類發生的時候，「茹毛飲血」，用樹皮和獸皮當作衣裳，用石頭作武器，這些工具就是當時的文化，也就是今日一切文明的起點。從歷史的眼光看來，人類經過了石器、銅器、鐵器諸時代，這種代表著諸時代文化的表徵，就是被普遍使用著的生產工具，它在人類不斷的求生活的上升過程中，由人類創造出來，或者說，自人類的卑賤的然而現實的生活底層被發掘出來，這種東西，原來就不帶高貴或神秘的色彩，她就是文化。而且，不管怎樣，只要在其產生的時代，是幫助了人類生活進步的，這便具備了「眞、善、美」的本質。比方在原始的時代，人類發明了石器，如石刀石斧等東西，這種遺物在今天看來是落伍得非常可笑的，離「文化」兩個字義太遠了，可是在原始人類的生活中却起了巨大的作用，正如現代人之發現電力一樣，所以她儘管是粗陋落伍，卻是「眞、善、美」的。

不平等的制度出現以後，隨著榨取形態的進步和完成，文化漸為少數人所霸佔，而終為少數人所有。少數的上層份子從活生生的人類生活中掠奪了文化，而把她神秘化，披上高貴的外衣，使她生存現實之上，而用來幫助他們的統治和榨取；而復以榨取所得來培養為他們所有的文化。如此互為因果，就愈使文化脫離全人類的現實，也愈使文化的「眞、善、美」變質。雖然由於文化內涵的進步力量所支配，人類是一天一天的進步著，然而在若干時候，被強姦了的文化之成為反動的力量，是不可否認的。

時至今日，不平等的人類關係，雖然仍存在著而且佔著支配的地位，但已在沒落中，作為文化人，是必須猛醒過來並使文化的內容還原到助長人類生活的時候了。

這就是說：從事文化工作的人，必須放棄過去的錯誤的觀念和方法，從不平等的關係中自我解放，進而為打擊不平等的人類關係而工作。

什麼是文化呢？在今天，答覆是很簡單的：就是幫助人類解決生活上的問題。使飢餓的人有飯吃，為了這個目的而有的制度和科學，是文化；給人類以衣服，使他們抵抗天時的侵害，是文化；使每一個智慧得到光明，使每一個心得到安慰，是文化……。這一切也就是「眞、善、美」。

反乎此的，一切的一切，是違反文化的，是野蠻的，至少是僞裝的文化。比方希特勒德國，其生產技術不能不算發達，可是她是違背人類進步的，就成為文化的敵人。這一點是有心從事文化工作者的殷鑑，不是為文化而文化，而是為助長人類生活而文化，否則便易陷於矛盾。

文化的本質既如此平凡而現實，又與廣大人類的生活有密切的關係，那麼，文化人的工作就必須向廣大人類開闢著文化之路，使文化還之於廣大人類。具體的說，是使文化歸於廣大人類的現實生活，然後再從廣大人類的現實生活中尋求出來。在廣大人類的生活進步過程中，尤其當普遍的得到文化而且自發的參與文化建築的時候，建立新的文化才有可能。

而文化工作者，就得放棄「勞心者治人」的落伍觀念，打破小圈子，切切實實的走到廣大人類現實生活的深處。坐在象牙塔裡的人，在今日，是不能創造什麼文化的了。

一九四六年十二月二十四日

楊逵・《送報伕》・胡風

王思翔

1

台灣作家楊逵先生於一九八五年三月十二日逝世後，首都北京在同月三十日舉行了紀念會。最早把楊逵作品介紹到祖國大陸上來的胡風先生抱病出席了紀念會，並作了題爲《悼楊逵先生》的講話。不久，胡風先生也不幸逝世。這兩位年歲相仿的前輩作家生前未曾見面和通信，但他們在五十年前結下的文字緣，體現了海峽兩岸的中國人之間的手足情誼；它經歷了半個世紀腥風血雨的考驗，在中國文學史和中國革命史冊上愈益放射出光芒。

現已載入《一九二七—一九三七 中國新文學大系・小說卷》的《送報伕》，就是楊、胡二位革命作家合作經營的成果。

楊逵的日文原作寫於一九三二年，在《台灣新民報》發表了一部分便被禁止續刊，乃於次年寄往東京，全文發表於《文學評論》雜誌（第一卷第八號），並獲該雜誌「徵文獎」。胡風在《悼楊逵先生》講話中說：「三十年代初，我在日本的《普羅文學》上讀到了楊逵先生的中篇小說《送報伕》。……這篇作品深深地感動了我，我當即譯了出來，發表在當時銷數很大的《世界知識》上。後來，新文學研究會還把它譯成了拉丁化新文字本，介紹給中國的文友們閱讀。」①又收入《山靈（朝鮮台灣小說集）》中，作爲巴金主編的《譯文叢刊》之一種，一九三六年四月文化生活出版社初版。

曾經看到一篇文章引用楊逵本人的話，說他當時只聽說《送報伕》被介紹到祖國大陸，卻不知道譯者是誰，也不了解其他情況。這話是可信的，因爲在那時候台灣與祖國大陸的交往久已被切斷，置身異國牢籠中的楊逵先生更沒有條件同祖國大陸的革命作家進行聯繫。在胡風先生這一邊，情況也是如此。當時他對於整個台灣的文學運動，對於楊逵這一位作家，也不可能有較多的了解。他只能從一些日本報刊中接觸到若干台灣作家的作品，不消說是很有限的。所以他翻譯的兩篇台灣小說（另一篇是呂赫若的《牛車》，亦載入《山靈》），帶有很大的偶然性。

但是這偶然性只不過是必然性的表現形式。胡風先生在一九八四年回憶當年初讀《送報伕》時的情景，寫道：「這是我第一次在生活實感上體驗到了受著日本帝國主義者殘酷迫害的台灣同胞的痛苦和寃屈，和在這種悲慘境遇下面的掙扎和鬥爭願望。」這不正是楊逵先生的命意所在嗎？因此，不能在台灣本土全文發表的《送報伕》，經過胡風先生的翻譯，卻在祖國大陸得以迅速傳播，「在讀者中間加強了祖國人民和台灣同胞的血肉聯繫」②，乃是理所當然，勢所必至。血濃於水。儘管在三十年代，台灣這塊最早淪入敵手的土地已經變爲敵方繼續侵略中國的戰略基地，不願做亡國奴的台灣人民面臨極端嚴峻的形勢，儘管整個中華民族處於最艱難危急的生死存亡大搏鬥中，但海峽兩岸的革命愛國人民的心是連在一起的，在共同的鬥爭中遙相呼應，互爲聲援。一本薄薄的《送報伕》是那個歷史的見證。

2

一九四六年春，我和朋友尹庚等人到了台灣，不久就結識了楊逵先生③。當時我們手裡有文化生活出版社印行的《山靈》∴楊逵也已經得到了這本書，並且從胡風寫的序言中大體上知道了《送報伕》在祖國大陸傳播的情形。尹庚先生曾在三十年代參加「左聯」，認識胡風，便向楊逵作了介紹。楊逵先生對於他的作品能在十年前贏得祖國大陸讀者的讚賞，顯得十分高興；對於胡風先生的翻譯工作，深表感激。

在當時的台灣，因爲脫離祖國母體達半個世紀之久，一般人對於整個形勢很隔膜，在知識界也存在許多混亂的思想；而國民黨當局又千方百計阻撓和限制大陸同台灣之間在文化思想上的正常交流，防止和破壞台灣人民參與正在席捲中國大陸的民主革命高潮。加上語言不通，給我們這些外省來的人造成不少困難。但是我們幾個人很快地和楊逵先生建立了眞摯的友誼，並且通過他結識了一批台灣作家和文化人，在一起做了些力所能及的工作。在這中間，《送報伕》起了溝通思想感情的作用。

《送報伕》是楊逵的成名作。在這篇小說中，作者塑造了一個新型的人物：主人公楊君是農民的兒子。日本殖民者奪去了他家的土地，迫害死了他的父親；在母親的叮囑下，他跑到東京，立志做一個「能夠拯救（像我們一樣苦的）村子底人們」的人；他在東京成了一個送報伕，受到老闆的欺騙、剝削和驅逐，陷入走投無路之境；正在這時，他得到了日本工人田中和工運組織者佐藤的幫助和啓發，並參加了一次罷工，把派報所老闆鬥輸了。從此，他認識到，依靠台灣和日本的工人階級的團結鬥爭，這才是「對母親的遺囑的最忠實的實踐」。小說結尾處寫到楊君滿懷信心地乘船回台灣，便戛然而止，但讀者可以知道，他一定會以不同於他父親的方式向日本殖民者進行鬥爭，「替村子底人們（即台灣農民）出力」。總之，在楊君身上，傳統的爲爭取台灣人（在台灣的中國人）的民族解放的愛國主義思想，和新的、無產階級的階級鬥爭觀點相結合，因而更堅定、更深沉，也更強烈了。這也是作家楊逵本人的思想狀態。當然，楊逵並非一個孤立的人，他的這種思想狀態，和廣大台灣同胞、特別是台灣知識分子追求自由、幸福、進步的意願相通，是後者的比較集中、比較鮮明的反映。

當初我和楊逵先生單獨接觸的機會不多，而他又不善於表現自己，但他那貌不出衆的外表所蘊藏的思想光芒卻給我很深的印象。在我看來，這一位知名的日語作家④是個典型的中國知識分子，彷彿他本來就是「左聯」的一個成員。所以，我到台灣後再讀中文《送報伕》，總覺得那是楊逵親口在講故事，沒有也毋須通過翻譯似的。

《送報伕》這篇小說爲楊逵贏得了聲譽，但在台灣光復初期卻也爲他帶來了某些困難和不幸。國民黨政府接管台灣後，以前的許多社會活動家擺脫了日本殖民政府的種種桎梏，在文化界也頗有些重新活躍的氣象。然而，楊逵先生卻沒能在社會上找到一個合適的工作崗位，只能繼續枯守在他那個「首陽園」裡耕作；他的妻子葉陶女士常到台中市上叫賣花卉和小商品，幫著他維持一家人的生計。有一次，我的朋友周夢江先生(是一家報紙的總編輯)介紹楊逵到某報社任日文編輯(當時各報都還保留一部分日文版面)，不多幾天便被辭退了。因爲國民黨當局知道他是個左翼作家，不許他在報社待下去。不過楊逵先生(還有他那位志同道合的夫人)對此毫不介意。顯然，他早就認清了那個掛著「中國」招牌的政府並不代表中國人民；何況，受到冷淡、歧視以至暗中監視的抗日戰士大有人在，這已成了公開的秘密。他屢次對我透露，正在用心讀魯迅著作。我雖然不了解他學習魯迅著作的具體情況，卻直覺地認爲，在那時候的台灣作家中，最有魯迅那種「橫眉冷對千夫指」氣度和風骨者，就數楊逵了。

3

有一天(大約在一九四六年冬)，楊逵先生從台北回到台中，興匆匆地告訴我：在台北印了一批

《送報伕》的中文單行本。他說爲此奔走了好多時間；又說，印刷費是許多朋友幫他籌集的。

他送了我一本。我至今還記得，那是一本薄薄的三十二開小册子，沒有另裝封面，很像常見的活頁文選加訂成册，而不同於普通的書本（這裡記憶不準確。後來在胡風先生遺物中見到原書，那是楊逵題贈胡風，經由尹庚和耿庸等人送到上海的台灣中文版本）它顯然不是爲了牟利的目的，而是作爲一種紀念品才產生的。這大概是十幾年來《送報伕》第一次在台灣出版。

根據楊逵先生的意思，在我和周夢江協助下，我們借台中市圖書館會議室開了一個小型的茶話會。應邀出席者大約二十人，多數是本地文化界知名人士，另外就是尹庚、周夢江和我這幾個外省籍的朋友。楊逵先生向與會者贈送了《送報伕》單行本，還張羅了一些茶點招待來客。我在台灣一年時間內參加過許多招待會和各式的文藝沙龍，有時楊逵先生也在座，但只有這一次是由楊逵先生發起和作東道主，可見楊逵先生對這事的重視。據我的記憶，楊逵先生還告訴過我，早些時候在台北市也開過類似的座談會，具體情況不得其詳。

這個中文單行本是根據文化生活出版社出版的《山靈》重排印成的，並標明譯者胡風。我當時沒有對照《山靈》進行校閱，不知道楊逵是否作過某些細小的修訂。照我估計，胡風據以翻譯的日文原本顯然留有刪節的痕跡，可以推想在發表時曾作過一些修改，還可能有些地方是創作時不得已故意隱去或改變原定計劃；所有這些爲發表而作出的犧牲，原作者本人是有權也應該予以訂正修復的。但我斷定這個中文本即使有所修改，也只限於很細小的地方。根據有二：第一，當時楊逵初學中文，還很不熟練⑤；第二，他尊重胡風並欣賞其譯文⑥。

我以爲楊逵先生在十分困難的條件下印行《送報伕》中文本，並鄭重地向他的朋友和讀者推薦，可以理解爲：他決心拋棄日文原著，而把胡風的譯文作爲《送報伕》的定本。我又以爲，凡了解楊逵的人，都不應對他的這一抉擇感到惶惑和詫異。不言自喻，日語的在台灣流行意味著異民族的強暴統治。因此，在楊逵說來，儘管這種語言作爲工具曾經使他學到許多先進的事物（正如送報伕楊君那樣），並且可以被他用來爲台灣人民的反日鬥爭服務（《送報伕》的成功便是例證），它仍然是被迫接受的外來語，跟他的愛國思想和民族自尊心相矛盾，無法調和。這就是爲什麼他從台灣光復後立即不再用日文寫作，並認眞從頭學習中文的緣故（那時他已年過四十，困難是不少的）。進一層來說，儘管《送報伕》的日文原作取得了較高的成就，並對二十年代以來的台灣鄉土小說的發展起了開拓性的作用，但其思想實質同它的語言形式之間顯然有著不相協調的裂痕。例如楊君在踏上歸程時叫道：「怎樣？還說中國人沒有志氣……！」⑦這樣的心聲用日語表達出來，總令人感到彆扭乏力。所以，楊逵先生把胡風先生的中譯本推薦給讀者，後來又自行翻譯了幾篇日據時期作品出版，同樣說明他如下的一個觀點：他的作品原來就是中國的，無論其內容或形式都是如此；它們以前的日文稿本，不過是暫時變通的形態，沒有繼續存在的價值。

單就這一點來說，楊逵也不愧爲「台灣的魯迅」——賴和的忠實繼承者。賴和一輩子堅持用中文寫作，每一篇作品都先用日文起稿，然後自己譯成中文發表。《送報伕》是在賴和直接指導下寫成的，它最後有了中文的定本（雖然是別人翻譯的），這是對於死去的老師最好的紀念。

附帶說說，胡風先生作為一個翻譯家，其譯文的忠實是無可挑剔的，但他的文字有時略嫌生澀。他譯的《送報伕》保留有濃重的日語風味，卻頗有助於傳達楊逵作品的語言特色。試拿楊逵先生自譯的幾篇小說來比較，我們幾乎很難找出它們有多大區別。

近年來國內出版了幾種載有《送報伕》（中文）的書刊，文字大致上跟胡風三十年代的譯文相同，個別語句互有歧異；多數不標明譯者，亦未見別的譯者具名。筆者僅在汪景壽先生著作《台灣小說作家論》（北京大學出版社一九八四年三月第一版）一書中看到一段引文，與其他版本完全不同。其結尾處如下：

> 在慶祝勝利的大會上，我又一次站到演講台上去向大家報告了家鄉的情形，同時也披露了我已決定回家鄉去奮鬥的使命。我越說越激昂，聽衆更是火一般的激烈。在我說出最後一句話而將要下台時，我便聽見掌聲齊鳴，「幹！幹到底！」的高呼。
>
> 這個會竟一變而成為我的歡送會，壯行會，就像把一個戰士送上戰場的氣氛瀰漫了會場。

據該書《後記》的解釋，「書中引文，均依原著，未加改動」，那麼汪先生當見到了另一種《送報伕》「原著」。可惜汪先生未詳細指明出處，也未披露它的全貌。只能記在這裡，希望引起研究台灣文學和楊逵作品的專家們的注意。

4

胡風先生在《悼楊逵先生》中又說：「我雖然在三十年代就介紹了楊逵先生的作品，但與他卻從未見過面，連他的情況也不了解。直到近幾年來，我才聽到了關於楊逵先生的點滴情況。」這一段話的第一個意思很清楚，他們兩人確實從未見過面，毋需解釋；至於說，胡風先生直到近幾年才聽到有關楊逵先生的點滴情況，則有待分析說明。事實上，從一九四五年台灣光復以後，直到一九四九年春，至少有三年多時間海峽兩岸的交通往來並未被完全切斷，人員、物資、書報和信件的流通也很頻繁。這也就是說，在那幾年中，胡風先生是有可能了解楊逵的若干情況的。但這可能竟未成爲事實，則是受了別的因素干擾所致。

拿我個人來說，當時旣和楊逵先生接近，又和胡風先生有書信來往，本來很可以替這兩位前輩作家做一些溝通聯絡的工作，可是我除了口頭上向楊逵介紹一些胡風的情況外，卻從未向胡風提及楊逵。這是因爲，當時大家的處境都很惡劣，生怕信件會給誰招致無端的意外麻煩；心想，待以後再說吧。不料「二・二八」事變突起，我和胡、楊兩先生都失去了聯繫。解放後在上海見到胡風先生時，我向他介紹了前幾年在台灣和楊逵先生交往的印象，並轉達了那時候楊逵對他翻譯《送報伕》的謝意；但這時我連楊逵的生死存亡也茫無所知了，還能爲胡風提供什麼訊息呢？

將近四十年來，台灣國民黨當局在台灣海峽設置的人爲障礙，斷絕了兩岸人民包括作家的正常交往；又因爲我們的失誤，凝結著兩岸人民手足情誼的《送報伕》也被冷落了。但這一切都在變化中。台灣人民正在努力衝破國民黨當局的封鎖，爲實現祖國的和平統一而奮鬥；楊逵先生在八十高齡不顧台灣當局的阻撓前往美國，會見了來自祖國大陸的作家代表，並通過他們向胡風先生致慰問之意；介紹和研究台灣文學，已在大陸各地蔚然成風。所有這些都展示，海峽兩岸作家歡聚共事的日子不會很遠了。

楊逵先生和胡風先生的相繼逝世，是中國文壇上的巨大損失。但他們五十年來爲加強海峽兩岸同胞血肉聯繫所做出的貢獻，永遠地存在並將爲後人所珍視，將得到鞏固和發展。一篇《送報伕》，是不朽的，過去和未來都可以給我們生動而豐富的教育。

一九八六年七月改定

註釋

①胡風在爲自己的《譯文集》所寫的《幾點說明》中也說他是在《普羅文學》上讀到《送報伕》原作,從未提到《文學評論》,不知何故,待考。

②見《胡風譯文集·幾點說明》。

③我在一九八〇年寫過一篇《憶楊逵》,載《清明》雜誌同年第三期(又見《新華月報》),可以參閱。但這篇文章中有一處提到有人稱楊逵爲台灣鄉土文學的「開山祖」時,表示了含混的贊同,是不正確的,應予以糾正。

④由於歷史上的原因,在二十世紀上半期,日語的使用範圍大大越過了日本本土,在台灣、朝鮮等地都產生了一批日語文學作家和作品。這些作家作品既和日本文學有聯繫,又顯然不同。直到這些地區在事實上脫離日本版圖之後,還有一些新的日語文學作品問世。我們在考察台灣文學史的時候,理應把它放到中國文學史的整體中來研究;但同時,也不應忽視它在一段時間內切入日本文學的運行軌道,並產生了一批台灣的日語文學。對這個獨特的文學現象進行具體深入的研究,可能既有趣味,也有助於我們更好地理解台灣文學和一些作家、作品的特色。

⑤楊逵在光復後寫的第一篇中文稿件是《台灣新文學的二位開拓者》一文,經我作了少許修改後發表在我們兩人合編的《文化交流》雜誌第一期。從這篇中文稿的語言表達水平上可以看出,他當時還遠沒有能力翻譯小說。只有經過幾年的學習和鍛鍊後,他才能夠把自己的日文小說《鵝媽媽出嫁》等譯成中文重新發表。

⑥有人看到楊逵在六十年代以後的某次談話不再提到胡風的名字,竟以爲楊逵在八〇年胡風重出前全不知道三十年

代翻譯《送報伕》者就是胡風。殊不知自五五年胡風寃案發生後，楊逵雖身處台灣，也不能不和「反革命分子」劃淸界限。這種寃假錯案所加於大陸人民的苦痛，不可避免地波及台灣同胞。楊逵的恍惚其詞，包含著多少難言之痛，我以爲是不難體會的。

⑦據人民文學出版社出版《台灣小說選》所載《送報伕》（未署譯者）。在同一出版社出版的《胡風譯文集》中，這一句是：「怎樣？還說勞動者……！」但兩書全文僅個別字有差異。依我的揣測，《譯文集》的這一句是日本雜誌上刊出時的語言，可能楊逵後來根據初稿作了訂正。比較而言，《小說選》所刊更符合楊君的身分和性格，和下文連貫也更密切更自然。

憶楊逵

王思翔

台灣作家楊逵的名字，三十年代中就爲祖國大陸的讀者所知了。他的短篇小說《送報伕》，經胡風從日文迻譯，編在《朝鮮台灣短篇小說集——山靈》中，由巴金主持的上海「文化生活出版社」出版。

一九四六年春天，我作爲一家報紙的記者剛到台灣，一個本地工作人員說認得楊逵，我便託他設法邀約相見。過了幾天，我第一次見到了楊逵。

他身材瘦小，形容枯槁，鬚髮不修的黝黑面孔上，掛著既謙和而又淒苦的微笑，雖然穿一身日本款式的舊西服，卻活像一個典型的南中國老實農民。只有那雙深邃的眼睛裡偶爾流露出一種機智的閃光，才使人想起他原來是一位出色的作家。我們初次見面，只簡單地談了一會，但他在我的腦海裡，留下了極深的印象。我彷彿見到了一位久已相識的老朋友。是呵，在《送報伕》裡，我確曾「看見」過這個質樸、善良、機智的作家的精神面貌；而他，也確實是個表裡如一的人。和這樣的人交朋友，本來就不需要說很多話的。

那時候台灣充滿著許多近乎離奇的矛盾和複雜的現象。一九四五年冬那場空前規模的、狂熱歡慶台灣回歸祖國的全民自發運動剛剛過去，國民黨扛著「中國」這塊招牌所進行的「劫收」和日益加劇的反動腐敗統治，使台灣人民強烈眞摯的愛國熱忱受到突然的打擊和嘲弄，人們懷疑、痛心、失望和憤慨，加上一小撮別有用心者的搗鼓，把情況搞得非常複雜。但廣大人民知道，歷史畢竟前進了。五十年前，老一代台灣代表到滿淸總理衙門呼天慟哭、空手而歸，抗日義士們浴血苦戰、終因孤立無援而失敗的悲劇年代，畢竟一去不復返了。到了二十世紀四十年代，儘管國民黨如何嚴密地控制封鎖，台灣人民——尤其是知識界卻看到「兩個『中國之命運』」。接觸到一些普通的台灣人以後，我就深信不疑：世界上再也沒有任何力量能割斷台灣與祖國的血肉聯繫，也沒有任何力量能撲滅台灣人民熱愛祖國的深厚感情。而在此時此際，這種愛國主義思想雖然暫時地遭到國民黨的打擊和挫傷，但打擊和挫傷卻正好促使它朝著更深厚雄健的方向發展，人類的歷史總是在曲折迂迴中前進的呵！和楊逵的交往，使我更加深了自己的這個信念。

楊逵住在台中市附近，家中一貧如洗，而且長期找不到一個餬口的職業。每次在社會活動中看到他和他的妻子穿著破舊不堪的衣服，同大多數所謂「社會名流」的大方華貴形成鮮明的對照，我常不免在心裡替他叫屈；但他們夫婦卻坦然凜然。他們是對的，在那樣的社會中，哪裡有什麼公平和正義呢？各色各樣的香餌就在你的嘴邊，但那是可以隨便吞下去的嗎？其實，他所面臨的困難主要還不在於物質生活上的問題。由於台灣回到了祖國的懷抱，像他這樣慣於用日文寫作的中年人，要一下子改用中文來寫作，幾乎是辦不到的。我那時還很年輕，不懂事，有一次和他談起《送報伕》的譯文深受祖國讀者所歡迎的情況後，希望他寫出更多更好的新作品。他淒然苦笑了一下，沉默了許久，說：他正在自學中文。但拿起筆來就像阿Q畫圓圈，總是畫不圓！（這段話，後來他寫成一篇雜感，刊登在我們合編的《文化交流》雜誌上。）他說得多麼幽默，又多麼沉重？是呵！他何嘗不知道，作爲少數有經驗的台灣作家之一，應該勇敢地拿起筆來，爲台灣人民說話？他又怎能不想寫出更多更好的作品，以反映台灣人民的苦難生活，概括台灣人民革命鬥爭的經驗，塑造台灣歷史和現實生活中的英雄形象，爲台灣新文學運動的重振旗鼓，爲豐富中國文學的偉大成果作出應有的貢獻呢？人們或者可以責備楊逵不夠通達；但我以爲，他毅然決然地拋棄他所熟悉的日文，寧願忍受暫時擱筆的痛苦，正顯示出他剛強質樸的性格，樂觀堅定的態度，和對祖國文化的執著的愛戀。這正是楊逵的可愛處。古人曾經稱讚「君子固窮」，我想，楊逵是雙重的窮者，不但物質生活方面很窮，而且還忍受著精神——文學創作方面的窮；但他卻「固」守著自己的信念，這是多麼難能可貴的品德！從這一點來說，他繼承了中國知識分子的傳統美德，使他高出於那些洋化了的和善於隨波逐流的台灣知識分子一頭。

這一年下半年，國民黨發動了全面內戰，也加強了在台灣的法西斯統治。在困難的條件下，有一個台灣人願意出資，請楊逵和我合編一個小刊物，叫做《文化交流》。這刊物的大半篇幅用來介紹祖國的歷史、文物和文化活動，由我組稿；小半篇稿用來介紹培養台灣的文化，由楊逵負責。記得出過兩期，發生了著名的「二•二八」事變，就夭折了。這個小刊物從誕生時起，就毫無驚人之處，也不可能闖出大市面來，我們每一個人對此都看得很清楚，不作任何幻想。但楊逵卻非常認眞，把它當做一件嚴肅的工作，並且執筆寫了一篇很長的文章，介紹了「台灣新文學運動的開創者」——賴和。這是我所曾見到的楊逵的第一篇中文作品，雖然不是小說。

本來，從一八九五年日本侵佔台灣以後，化了很大的氣力才消滅台灣人民的武裝反抗，在較長的時間裡還不能消滅漢族的傳統文化。所以，從戊戌政變到辛亥革命，祖國每一次政治思想運動，都很快地在台灣引起巨大的反響。五四運動也是如此，以魯迅爲代表的現實主義的新文學喚起了台灣新文學運動。由於台灣的特殊條件，這個新文學運動及其產物作品，也以特殊的形式發生和發展著，以至後來被看成了日本文學的一支；但在實質上，它植根於以漢民族爲主體的台灣人民生活之中，和五四的反帝反封建精神是相通的，而在日本普羅文學中則是一個外加的附屬物(正如當時的台共是日共的一個分支)。所以，從長遠的歷史上看，我們完全應當把當時台灣新文學運動看做中國新文學運動史的一個有機組成部分。但這一階段的歷史，即在四十年代的台灣，親歷者也已無多，尤其祖國大陸的文學工作者更幾乎無所知。作爲賴和的同志和後繼者，楊逵以極大的熱情，介紹了賴和的思想和作品，介紹了這一段歷史實況。他還搜集了許多史料，準備深入研究並系統地予以論述。可惜我在台灣時對此未作研究，後來連自己手中的資料都丟光了，現在只能借此提請文學史家們在可能的時候加以注意，在將來出版新的文學史著作中設法彌補這一空白處。

但據我的領會，楊逵之所以努力於介紹二三十年代的歷史，卻是爲了一個理想，希望台灣的文學能在日本帝國主義者留下的廢墟上復活過來，迅速走上新的發展道路。台灣的回歸祖國已在客觀上爲這種理想掃除了障礙，使它有可能借助於五四以後近三十年來中國新文學在理論和創作中所取得的偉大成就，在新的條件下來一個飛躍發展。但是歷史留下來的困難還極爲嚴重，除了語言文字的隔閡以外，更重要的是絕大多數人對於三十年代以後中國社會和文學的巨大進展幾乎一無所知。顯然，不打破這個困難，就談不上發展台灣的文學。我們的刊物很小，只能掛一漏萬地介紹一些中國文化包括文學的點滴成就，當然起不了什麼大作用；事實上，當時在台灣各地有許多人用各種方式在做這種「交流」的工作，我們只是兩個散兵游勇罷了。不過楊逵傾注在這個小刊物上的極大興趣和期望卻是不難理解的，他那熱情而求實的作風，也給了我很大的啓發和鼓舞。

三十幾年過去了，我一點也不知道楊逵的情況。四九年大陸解放後，見到幾個輾轉歸來的台灣同志時，我曾想：如果楊逵也能到解放了的大陸上來，他一定可以寫出許多新的作品，讓祖國廣大讀者看到台灣的「典型環境中的典型人物」，看到我國的新文學運動在台灣取得的光輝成果吧？有人說，他早被國民黨流放到火燒島去了，那麼，他將怎樣繼續走他的艱難的道路？他所說的「阿Q的圓圈」畫圓了嗎？……只有他那淒苦的微笑和深沉而機智的眼神，至今還在我的眼前。

最近一年來，我才有機會讀到台灣作家的一些作品。雖然一鱗半爪，未見全貌，但也足見在新的歷史條件下台灣文學有了較大的發展。特別是一批台灣省籍的青年作家已經成長起來，並創作了一批被稱爲「鄉土文學」的優秀作品，繼承和發展了以魯迅爲代表的戰鬥現實主義的作風，很富有特色。這是五四以來中國新文學運動在台灣所取得的成就。賴和、楊逵等台灣老一代作家所開創的台灣新文學運動正在開花結果。評論家們稱楊逵爲台灣「鄉土文學」的「鼻祖」，自然有其充足的理由。而文學本來就是集體的事業，一個作家如果能培養出一代新人，從而把文學創作推上一個新高度，他就爲這個集體事業立下了不朽的功勛，因而也和這個集體事業一起永遠爲人民群衆所歡迎和愛戴。正是在台灣文學作品中，我彷彿看見了楊逵那謙遜、堅毅而樸質的形象，他那瘦小的身材變得高大了。

但是，楊逵在哪裡呢？許多一起工作過的台灣朋友在哪裡呢？

把台灣同祖國人爲地分割開來的局面，越來越變得荒謬了，再也沒有理由繼續存在下去了。對於作家來說，古往今來，都是和人民一起，受祖國傳統文化的哺養，他的創作才華才得以萌芽、成長、開花、結果。對於這一點，今天的台灣作家也會同老一輩作家一樣，有著深刻的體會和感受。文學既是社會生活和人民意願的反映，又是教育人民、推動社會發展的有力工具。我深信，台灣的同行們將用他們的努力，促進祖國和平統一的大業早日完成。水流千里歸大海，祖國優秀文化傳統哺育起來的台灣文學一旦擺脫人爲的與祖國隔絕的狀態，將得到怎樣波瀾壯闊的發展，不是可以清晰地預見得到的嗎？

一九八〇年六月

記楊逵二、三事

周夢江

台灣著名作家楊逵先生死去已有三、四年了。一九八五年三月北京文藝界曾爲他召開紀念會。去年張禹(即王思翔)寫的「楊逵•《送報伕》•胡風」(「新文學史料」一九八七年第四期)。談到楊逵和我的關係，因此我又想起了舊事。說也奇怪，我和他相交不多，但印象特別深刻。特別是他的耿直性格，甘於貧窮，使我在人生的道路上增添勇氣。

一九四六年一個春天，台灣剛剛回到祖國的懷抱，我在台中市一家報社工作。當時台灣認識中文的人不多，而報社卻急需編輯。有一次我聽人談起台中市有一位寫有小說《送報伕》的作家楊逵(以後才知《送報伕》的中文初譯本是胡風翻譯的)，於是我想請他到報社工作而去拜訪他。

找到楊逵先生的住址，走進一個小小的台門，左側是三間矮小的中國式廂房，屋旁是個菜園。經作家夫人葉陶女士客氣的招呼，我坐定後，朝窗外一看，作家正和幾個孩子在鋤地施肥。聽到夫人的叫聲，楊先生交代了工作洗了手進來。他長得黑黑的、瘦瘦的，年紀約莫有四十來歲，看起來卻像一個鄉下老頭。

這時，他還不大會講普通話，只會講台灣話（即閩南語）和日語。幸喜他的夫人葉陶女士會講些普通話，爲我們作了翻譯。葉陶的名氣在台中也相當大，幾個星期前，我曾在一位朋友的弟弟經營的大華酒家裡，看到她挑着兩籮筐的小百貨，類似我國舊日的貨郎，向女招待員們兜售生意。當時我的朋友告訴我，她是一個知識分子，早年也從事婦女運動工作。

楊逵先生的清貧是使人一目了然的。房間內靠牆是一張中國式舊床，臨窗是一張舊書桌，幾條櫈子；裡間舖着「榻榻米」，空空如也，大概是他的幾個孩子的寢室。除此以外，別無長物，連一件表現知識分子的裝飾品，如字、畫等都沒有，眞是家徒四壁。這時我才明白了作家夫人爲什麼要沿街叫賣小百貨。

我說明來意後，楊逵開始不同意，說自己中文程度差，不能勝任。我以爲他過於謙虛，在我的極力邀請下，經他的夫人勸說，才勉強同意來試一下。

開始我將他安排爲中文編輯，他工作了一個晚上，第二天就向我辭職，說不會幹。我又讓他去編日文版，並兼校對。當時台灣各大報都有日文版，就是用日文翻譯早一天的中文重要新聞和社論。日文版的編校是白天工作的，因此，楊逵早上上班編報，下午校對完畢回家。他的家住在市郊，離報社很遠，中午不能回去吃飯，天天帶着「便當」（飯盒）上班。聽同事說，他每天帶來的都是菜飯，即用菜和米混合燒成的飯。台灣是一個三季出產大米的地方，一般人家都吃大米飯，番薯、菜類用來餵豬，只有極少數最窮苦的人家才吃這種飯。我們的作家就是天天吃著這種飯。正如魯迅先生所說：「吃的是草，擠出的是牛奶」。

大約過了一個星期光景，他又辭職了。因爲社論中有些句子他譯不出妥切的詞語，有時甚至譯錯了，需要另一位日文編輯幫他改正。我認爲他爲人誠實，工作認眞，以他的文學修養，只要稍過一段時間，就可以掌握編輯技術，更同情他的境遇，勸他留下來。他在報社的工資雖不多，亦可維持二、三個人的一般生活，對家庭經濟的改善也有些好處。可是他說走就走了。事後，我和台中文化界一些朋友談起，他們說他一向如此：甘於貧苦，不肯求人。

過了幾個月，大約秋天時節，楊逵來報社找王思翔和我，說自己用中文寫的《送報伕》已經出版，要舉行個茶話會表示慶祝。我們都替他高興，願意爲他跑腿。因爲王思翔和台中文化界人士比較熟悉，由他去代邀客人，我到台中圖書館接洽開會場所。台中圖書館館長莊垂勝老先生是一位典型的中國舊式學者，古典文學根底很深，我喜歡翻閱古書，因而彼此熟悉起來，成爲忘年之交的朋友。這時他告訴我，楊逵曾從一位台灣愛國文學家賴和學習。賴和是台中市的鄰縣彰化縣人，具有強烈的民族愛國思想。原是一位醫生，由於他大部分時間從事反日活動與寫作文章，所以很少行醫。一九三七年蘆溝橋抗日戰爭爆發後，他積極聯繫大陸和島內的愛國志士，進行抗日鬥爭，結果被日本警察逮捕，受過酷刑，不治而死。

《送報伕》的出版慶祝會在圖書館舉行。出席的人很少，除了王思翔與我以及幾位報社同事，台中文化界人士參加的寥寥無幾。楊逵夫婦親自招待，每人贈送一本褐色封面的六十四開的《送報佚》。

沒有過多久，我國著名音樂家馬思聰先生從台北來到台中。他當時在台北市的台灣省交響樂團工作，因想籌措一筆旅費回廣東，準備在台中舉辦一個小提琴演奏會。記不起由哪位師友介紹，他逕來報社找我與王思翔。我們兩人與他素昧平生，以後也沒有聯繫，只因爲久仰他的大名，便爲他籌劃、奔跑。演奏會假台中戲院舉行，獲得很大成功，場場滿座。會前還由台中文化界公宴馬先生，幾乎整個台中文化界人士都來了，只有楊逵未見出席。

通過這兩個招待會，我有點感觸。事後也和一些台中朋友交換看法：馬思聰先生名氣大，慕名而來的人當然會多，但楊逵是本地人，爲什麼得不到台中文化界的支持呢？台中市（日據時代稱台中州，轄有台中、彰化、員林等縣）在過去和當時，都是台灣的文化中心，文化人相當多。據說大致可分爲兩大派：一些人和台灣最有勢力的士紳林獻堂接近，一些人則傾向於台灣共產黨。林獻堂在台灣很有名望，早年曾和梁啓超結交，以後又是日本貴族院議員。我們在創辦報社時曾到他在鄉間的府邸拜訪過，那時他已年過花甲，人長得胖胖的，很有氣派。他在台灣各地設有公司，擁有的田地也不少，我認識他手下的幾位文化人，這些人大都在他的公司中擔任文牘工作，家庭生活都較優裕。傾向台共的文化人亦有正式職業，有的教書，有的是醫生和律師。生活也過得去，有的雖較清苦，但沒有一個人窮到像楊逵這樣，自己種菜賣菜維生，夫人販賣小百貨。楊逵而且性格孤僻，與台中文人絕少往來。聽說楊逵早年參加過台灣文化協會，也因此被日人囚禁過。這個文化協會在日據時代是個合法組織，其中左右翼人士都有，以後則逐漸分化。也不知是什麼原因，他與台中所有的文化人都不大接近，而大家也不大理睬他，所以他始終沒有正式職業，只是台灣光復後在我們報社幹了幾天。

這年的十二月間，台中市新辦了一家報社，因爲同行關係，託我物色幾個編輯和記者。這時，楊逵的中文水平已有提高，他正和王思翔以及一個有錢的台中人合編《文化交流》（由後者出錢印刷），但是這個工作是盡義務的，發表的文章也沒有稿費，只是給特邀的作者如許壽裳先生等送去微薄的稿費，結果許先生不肯收（詳見拙著〈想起了許壽裳先生〉，《海峽》一九八二年第二期）。於是我便介紹楊逵和王思翔的少年同學李君到那家報社擔任編輯。結果，李君被聘用了，楊逵卻未被錄取，原因是對他不信任。據說日據時代台灣的進步文化人戶口是載入另册的，甚至門牌也有標誌。台灣光復後，陳儀的各級政府仍留用許多日籍公務人員，也承襲日人的政審辦法。台中這些報紙的負責人與市政府有點關係，所以楊逵就通不過政審這一關。富有諷刺意味的是，據我所知，當時的楊逵不是台灣共產黨員，而李君倒是中共地下黨員，不久就又回大陸參加游擊隊了。楊逵雖不是台共黨員，可是「二・二八」起義失敗後，他被國民黨台灣政府逮捕，關了好幾年。由於我在一九四七年二月間到台北的一家報社工作，三月中旬卽離開台灣，對他的情況不了解。他當時被逮捕是我在大陸解放後聽友人說起的。

四十多年過去了，我也年近古稀。「心隨東棹憶華年」，我時時想起楊逵和台灣的一些友人。他們有的還健在，聽說聾子陳庭詩兄已成爲台灣版畫之父，有的則已作古。楊逵雖然一生坎坷，但畢竟終於在文學事業上有所建樹，這是堪以告慰的。

一九八九年三月

記台中莊遂性先生

周夢江

中國有句老話：「化鶴歸來丁令威，城郭依然人事非」。在進步緩慢的封建社會中，情況的確如此，可是在經濟發達的今天就不相同了。即如我住的地方，七八年前這裡還是稻田，而今天高樓林立，人語喧嘩，是城郊的住宅區。陌生的人誰知道這些呢？所以，我筆下的四十年前的台灣：人事、景物，甚至某些風俗習慣，只是存在我的腦際而已。這些舊事寫了出來，在我自己，是對前輩、友人的懷念；對他人，或許可以了解台灣的舊貌。因此，我曾寫下懷念謝雪紅、楊逵、蘇新的回憶錄。現在我想起台中圖書館長莊遂性（亦作垂勝）先生。

台中圖書館的老房子不知仍存在否？在我記憶中，它是一幢有圍牆的西式小建築。走進大門，當中是廳堂，楊逵的《送報伕》出版慶祝會就曾在這裡舉行。兩旁是閱覽室、書庫、舘長室、辦公室等等。由於我喜歡閱書刊，暇時常來此看看，因而認識了莊遂性先生。

莊先生是一位個子不高、瘦瘦的、頗爲嚴肅的老人，當時大約有四十多歲，因此我將他視爲前輩。他是台中鹿港人，出身於書香門第，古文學根底很好，這樣的人物當時在台灣很少見。那時，台灣知識分子大多只能用日文寫作，不諳中文，更遑論中國的古典文學。我認識的台灣作家楊逵、張文環就是如此（楊逵以後能用中文寫作，但遠不及他的日文水平）。莊先生喜歡陸游的詩，案頭常放有《劍南詩稿》。可惜我不會作詩，因此沒有和他有酬唱之作，他很健談，講了許多台灣先烈的事迹和文人軼事。有丘逢甲的，有賴和的，……可惜事隔多年，竟一點也記不起了，只記得他曾講過：在日據時代，台中有位愛國的老先生，寫了一部記述日本帝國主義分子侵略台灣的史書。不敢放在家中，便修築一座壽壙來藏放。台灣光復後，他挖開墳墓一看，書稿已變成泥土，一氣之下，也就與世長辭了。

一九四六年下半年，我到台中高級商業學校兼教幾節歷史課。爲了教學需要，我好幾次到圖書館借書。走進藏書庫，因我不懂日文，也無法深入了解。只記得先後借過日文的《論語》和《孟子》，連横的《台灣通史》，和一部新出版的《台灣戰紀》。作者洪棄父原名攀桂，字月樵，鹿港人。台灣淪陷後，改名繻，字棄生。這書曾由作者的兒子洪炎秋帶回大陸出版過，所以署名洪棄父。洪炎秋當時是台中師範校長。這部書對日人侵略台灣的史事記述很詳細，我讀後對台灣先輩的愛國熱情很受感動，也曾在課堂上向學生講述過。一九四七年我在台北工作時，即購買一册，三十二開本，黃德福標點，台灣書店印行。今天仍然倖存，也可算是値得紀念的台灣舊物了。《台灣通史》當時也有一部，離台時丟失，以後又重置一部，已是一九四五年上海商務書局的再版書了。我雖不懂日文，但日本出版的中國古籍，幾乎全是漢字，那二本日文的《論語》、《孟子》和國內出版的《四書》幾乎一樣，只是紙張雪白，印刷精美，遠遠超過國內印本，這點至今記憶猶新。

一九四七年台灣「二・二八」事件後，我離開台灣到了上海。一時找不到工作，曾一度寄食於台灣旅滬同鄉會。聽一位當時在四川路開診所的×××醫師說，莊遂性先生被當局逮捕了。以後，又聽到傳言，莊先生看破紅塵，出家修行去了。最近讀到莊先生的好友葉榮鐘先生遺著《台灣的文化戰士——莊遂性》，才知道莊先生已與世長辭。葉榮鐘先生與我也有一面之雅，是張煥珪先生介紹認識的。葉先生的遺作，記述莊先生的生平甚詳，更使我增加對他的尊敬與懷念。葉先生大作提到莊先生在扣押中曾作聯自挽：

自倖一門三世，無負國家民族；
雖淪披髮左衽，未忘禮樂衣冠。

這聯對仗工整，擲地有聲，可以看出他的民族氣節，大義凜然。

莊先生的形象，使我想起台灣作家鍾肇政《沉淪》中的陸信海老人。中華民族是個富有凝聚力的民族，也是個勇敢反抗異族入侵的民族。每當國家民族處於存亡危急關頭，就有許多個像陸信海老人那樣向子孫告誡：「我當著祖先的靈位，向大家特別提醒一點，不要辱沒陸家的光榮，不要辱沒陸家的家聲」。把民族大義和家族名聲結合起來，鼓勵子孫奮起向敵人抗爭。莊先生的「一門三世，無負國家民族」，多麼像陸信海老人的語言。葉榮鐘先生稱讚莊先生是台灣文化戰士，我想還可增加一句：他是個有民族氣節的老人。

讀《少奇吟草》四首

周夢江

葉榮鐘先生爲台灣文苑耆宿，著有《少奇吟草》等詩文集。其女公子芸芸女士曾贈余一冊，藏之有年。莊垂勝先生爲葉先生知友，莊氏掌台中圖書館時，邀致葉先生共事，二公日相酬唱，爲當時台中文苑一大盛事。時余年少忝任《和平日報》編輯主任兼台中商校教師，時時至館借閱書籍，因得結識二公。今亦老矣，重讀《吟草》，率成四絕，以誌舊事，併請葉芸芸女士郢政。

料理巾箱忽泫然，故人遺墨尚生妍。
台灣舊事渾如夢，屈指於今五十年。

天涯浪跡在台中，詞客風流見二公，
莊學劍南思故國，香山句法有榮翁。

早年便作秘書郎，倚馬文章壓衆芳。

老圃生涯眞解脱，不將休咎卜行藏。
筆下生輝祖國情，先生有女以文鳴。
義山佳句傳千古，雛鳳清於老鳳聲。

一九九四年八月於溫州師範學院

想到了許壽裳先生

周夢江

幾十年來，許壽裳先生的形象時常縈迴於我的腦子裡。許先生是魯迅先生的摯友，他的學問和道德為人所共仰；而我所見到的，只是一件細小的事情。

那是三十多年前的事了。一九四六年初，我踏上剛剛回到祖國懷抱的寶島台灣，深深地被台灣同胞的愛國熱情所感動。但是由於歷史上的原因，廣大台灣人民對祖國的情況很隔膜，而國民黨政府又採取了許多障礙人們用正確觀點向台灣人民介紹祖國狀況的措施。這年冬天，友人張禹在台灣著名作家楊逵的支持下，在台中市創辦了一個小刊物——《文化交流》，著重介紹五四以來的新文化運動和當代的文學作品。不用說，魯迅先生的革命思想和文學作品是這個小刊物首先要鄭重介紹的主要題目；而當時在台灣，只有許壽裳先生是最合適的撰稿人。我當時正由台中轉到台北市一家報社工作，《文化交流》編者就托我向許先生約稿。

那時許先生擔任台灣省編譯館館長，而我是一個年輕的無名記者，與他素昧平生，又無法托人介紹。但為了支持《文化交流》雜誌的工作，我鼓起勇氣直接去向許先生求援。

一天，年輕的我魯莽地闖進了許先生的辦公室。許先生看了看我的名片，打量我一眼，開口便問：「你是溫州平陽人？」我恭敬的點了點頭。接著他再問：「你知道宋平子先生嗎？宋家的後人情況怎樣？」說來也慚愧，宋平子雖是鄉里前輩，但當時我實在了解不多，對宋家後人情況更是一無所悉，我只好紅著臉講自己年輕，對鄉里前輩不了解。許先生便詢問我的來意，我囁嚅地將《文化交流》的情況和自己來意講給他聽。由於自己沒有閱歷，對名人感到一種說不出的恐懼，因此一口的溫州藍青官話就講得支離破碎，時斷時續。我想自己這樣一副狼狽相，一定完成不了任務，想不到許先生聽了我的陳述後，竟豪爽地答應了我的要求，同意給《文化交流》寫一篇關於魯迅先生的文章。當我懷著喜悅的心情回到住處，翻翻報社資料室裡的《宋平子評傳》，才知道宋平子是他的老師。

過了幾天，我又去了，拿來一篇〈記魯迅先生二三事〉。這次，李何林與李霽野兩位先生也正在許先生辦公室裡，許先生替我介紹了，他們當時也在編譯館工作。我向他兩人約稿，李何林先生答應了，過幾天親自將文章送到報社給我，他的文章以後編到《文化交流》第二期，正在排印中，「二・二八」起義爆發，刊物沒有印出來，這是後話。

〈記魯迅先生二三事〉刊在《文化交流》創刊號上，於一九四七年一月間問世。二月初，張禹從台中寄來稿費，要我送給許先生。於是我在二月初的一天上午，第三次去拜訪他。解放前的文人生活都是很清苦的，即使許先生名望大，社會地位高，但工資收入也很有限。再說寫文章拿稿費是勞動所得，是天經地義的事，誰知這次我卻碰了個壁。

我走進他的辦公室時，許先生正忙著。我悄悄地立在旁邊靜候。一會他公事辦完了，轉過頭來問我有什麼事。我拿出稿費，說明來意。他舉舉手，示意我坐下，微笑地問我，《文化交流》創辦的錢是從哪裡籌來的？我講：聽說他們沒有向人籌過錢。白報紙是向工作著的報社借來的，印刷費暫時欠著，待賣了雜誌再付，他問我銷路怎樣？我講銷路不錯，印了一千本，聽說快賣完了。他聽了後，又笑了一笑，嚴肅地對我講：「請你轉告你的朋友，這錢我不能收。他們幾個青年白手辦雜誌是吃力的，我應該幫助他們。這在我來說，是個義不容辭的責任。因此，這稿費請你帶回去還給他們。」接著，他稍停一停說：「以後你可以經常來談談，只要我有空，我可以寫點文章給他們。」

我靜靜地聽著，心中講不出的感激。但我是個拙於言詞的人，這時也想不出用什麼話來表示自己的感受。因爲許先生很忙，我便告辭了。他送我到大門口，走了幾步，我回頭一望，這位慈祥老人的高大形象矗立在編譯館前面，向著我微笑。

想不到這次分別竟是永訣。沒有幾天，著名的台灣「二・二八」起義爆發了，三月間，我被迫離開台灣，因走得非常匆促，沒有向許先生辭行。不料一年之後，一九四八年二月間，從報上看到了許先生的死亡消息：這樣一位品德高尚的老人，竟在一個夜間被暴徒凶殺了！……

今天，時光已飛去三十多年，重讀許先生編在文集裡的這一篇文章，眞令人感慨萬千，回想起許先生當時對我的談話，言簡意深。他那樣熱誠地幫助我們這些幼稚的青年，支持在困難條件下出版的無名雜誌，體現了魯迅先生和戰友們一貫的作風，同時，也不但表達了他對魯迅先生的敬意和友情，還鼓勵我們把以魯迅爲代表的祖國革命文化運動的偉大功績向台灣人民廣爲介紹，借以推動台灣文化的發展。許先生所說的「義不容辭的責任」，今天落到了我們這一代人肩上。

原載《海峽》，一九八二年第一期

緬懷謝雪紅

周夢江

台灣「二・二八」起義主要領導人，前台灣民主自治同盟總部主席謝雪紅女士，離開人世已有十九個年頭了。她當時在台灣，特別是在台中一帶，是個家喻戶曉、婦孺皆知的人物。而今天知道她的不多了，可是流言蜚語卻多起來：有些人將她捧爲台灣獨立的旗手，有些書如台灣出版的《蔣介石傳》竟說她是親日分子。這些流言蜚語不知從何而來？雖然，我的老鄉元代的高則誠可以將東漢著名文學家蔡邕寫成《琵琶記》中負義的蔡伯喈，但這畢竟是戲曲傳奇，可以允許虛構。而歷史的眞相卻是不能歪曲的，我們要向後世負責。

謝雪紅女士雖然和我僅僅相處一年（一九四六年），但這一年在她一生中是至關重要的。因爲一九二七年她從蘇聯留學回來後，未到台灣，即在上海被捕，日人引渡關押在台灣，不久，因證據不足而獲釋。一九三一年再次被捕，判刑十多年，關押九年後，因病保釋在外就醫。一九四七年「二・二八」起義失敗她離開台灣，從此沒有回去。她開始流亡於香港，以後來到大陸領導台灣民主自治同盟總部工作，後錯劃爲「右派」，受「四人幫」迫害，於一九七〇年十一月死於北京，終年七十歲

（虛齡）。

面對流言，我要寫出一九四六年我所知道的謝雪紅的幾件事，請大家公正地判斷她的爲人。

一、謝雪紅與《和平日報》

謝雪紅是台灣彰化縣人，一九四六年住在台中市中山公園附近她弟弟經營的大華酒家樓上。同年三月我和王思翔（張禹）、樓憲（尹庚）在台中《和平日報》工作。《和平日報》社長李上根是王思翔的黃埔軍校江西分校同學，原是駐台中某師《掃蕩簡報》的負責人。抗日戰爭勝利後，各省都有由《掃蕩報》分社或《掃蕩簡報》改組的《和平日報》分社，總社則在南京。台灣《和平日報》（正式名稱是《和平日報》台灣分社）成立後，亟待出版，但李上根卻是光桿司令，於是便聘任樓憲爲經理，王思翔爲主筆，我爲編輯主任。

這時，報社面臨二大問題：一是缺乏人手，全部編輯、記者、報務人員、印刷工人以及經理部業務人員、會計等統統沒有。二是沒有資金，李上根接收來的只有一幢三層樓房（後爲報社社址）和一座旅館（後爲宿舍）以及一個造紙廠（這廠情況不詳），原來的簡報經費很少，南京《和平日報》總社也沒有撥給開辦費。因此，我們必須實行以報養報的方針，才能使報社站得住。而這一切必須取得當地人士的支持。

爲了獲得當地人士的支持，我們拜訪了林獻堂等許多台中著名人物，他們都很冷淡，只有實業家張先生和謝雪紅較爲熱情。當時謝雪紅在台中名氣很大，是蘇聯留學回來的共產黨員。我們還聽到一些傳奇式的有關她的身世的故事，如說她少時賣身葬父，爲人「下女」，以後掙脫牢籠到國內參加北伐革命等等。她出身貧苦家庭大概是事實，我親眼看見一位窮而老的尼姑是她的親姊姊。而我們也願意接近謝雪紅，這裡有我們的個人因素在內。當時我們名義上雖都是國民黨員，但樓憲早年參加「左聯」，追隨過魯迅先生。王思翔和我則是在家鄉受到國民黨政府的迫害而逃亡到台灣來的。因此，我們對國民黨的腐敗深爲厭惡，對共產黨較有好感，於是我們歡迎謝雪紅的支持。報社中絕大多數人員都是謝氏介紹來的，如謝氏的助手以後出任台盟秘書長的楊克煌，到報社任日文編譯科長；一位曾在農民協會工作的林西陸出任副經理。此外編輯、記者以至一般職工幾乎全是謝氏介紹的。報社還聘請她爲顧問。謝雪紅爲什麼支持《和平日報》呢？她當然知道它是國民黨軍方報紙，她的目的何在，我在今天回顧過去，認爲她想因此而獲得一個爲台灣人民發表意見的地方。因爲她知道我們也對國民黨政府不滿，而且年輕、單純，不是老奸巨滑的官僚政客。她的目的在報紙出版的開頭幾個月可說是基本達到的。因爲這時國共兩黨正在談判，全國的政治空氣比較自由。但是報紙出版了三四個月，情況起了變化。

爲了打開報紙銷路，取得台灣讀者的支持。《和平日報》批評它所發現的台中官員的貪污現象，敢於支持當地紳民對政府的鬥爭。於是就不斷的和台中市、台中縣、彰化縣的官吏、警察產生摩擦。

有一件事我至今仍記得十分清楚，台中縣一個地方議員受到警察的欺負，向報社投書訴說冤情，我們刊登了，而且發表短評斥責警察。台中縣警察局竟派幾十名武裝警察衝進報社，持槍威脅社長。幸虧《和平日報》是軍方報紙，師政治部馬上派人來解圍，台中縣長劉存忠只得出面向我們道歉。同時，報社還經常召開各界座談會，謝雪紅幾乎都有出席，會上揭發時弊，我們亦一一刊登。於是台中當局就認爲《和平日報》所以如此，是受謝雪紅影響的緣故。

二、台中山區發現軍火庫事件

一九四五年八月日本宣布無條件投降，台灣必須歸還中國。對此，有些日本人是不甘心放棄寶島的，於是在國民黨軍隊未大量開進台灣之時，日軍利用這個時機，偷偷指揮高山族同胞將大批軍火運到深山裡埋藏起來。日人不敢利用漢族台胞，他們知道漢族台胞愛國熱情高，怕以後加以揭發。當時台中州軍火最多，台中南部又是叢山竣嶺，便於藏匿，因此該地埋藏的軍火庫最多。台中州居民略略知道這一情況，想到這將給台灣留下後患，於是一些愛國的青年便偷偷監視日軍這個舉動。

台中縣水裏坑地方一位林姓青年，他曾釘梢過一次日軍埋藏軍火的事，記得一個大略地址，一九四六年日軍全部撤退後，他便天天在那座山中找尋，終於發現一個地窖，設法打開窖門，裡面竟藏有大量的槍枝彈藥以及坦克大炮。林君馬上向台中縣政府報告，可是縣政府官員卻對此事不感興趣，口頭上答應派人接收，卻又要林君先加保管，以防壞人偷盜。這位愛國青年只好自己天天在山中守衛，同時託人要求謝雪紅加以幫助。謝氏爲此三番四次向台中縣官員提出，可是腐敗的國民黨官員因這事沒有油水，反而吃力厭煩，便故意拖延不予處理。那位林姓青年一面天天看守，勞累不堪；一面又怕日本間諜報復，憂慮重重，結果竟一病不起。謝雪紅對此十分氣憤，便將這事原原本本告訴我，希望報紙加以揭發，利用輿論力量催促台灣當局辦理此事。可是這時《和平日報》和台灣政府的嫌隙已經較深，而台灣行政長官陳儀又是親日的，當時台灣《新生報》公開承認，台灣留用的日本人員有七千零八人，比內地來台的公務員多出一倍。因此《和平日報》社長不敢刊載這個新聞。同年六月，報社新聘了一位採訪主任丁君，他是上海《僑聲報》駐台灣記者。我便將這事告訴他，由於我不敢將消息的來源透露給他(怕對謝雪紅不利)，他只能寫了一則簡短的新聞在上海《僑聲報》發表。可是台灣行政長官公署的機關報——《新生報》馬上公開否認：「難道台灣眞有軍火無人要的事嗎？恐怕雖三尺童子也不會相信。」謝雪紅看到《新生報》後認爲應該反駁，於是由我寫一篇較長的新聞給上海《文匯報》。我用「黃英」的化名寫了一篇〈台灣的秘密〉，除詳細報導軍火庫發現的經過外，還批評陳儀縱容日人箝制言論等等。一九四六年(中華民國三十五年)十月二十一日的上海《文匯報》第五版以大半版篇幅發表了這篇通訊，編者加上醒目的大標題：「山中軍火無人接收，告密青年抑鬱而死」(詳見本章附錄)。在具體的事實面前，這次《新生報》不敢作聲了。事實雖公開，而謝雪紅和我們卻不能去催或去問台中縣政府。所以，以後這事也不知如何處理。近年大陸發行的《參考消息》時常刊有台灣發現日人軍火庫的新聞，可見這類日人當年埋藏的軍火庫是爲數頗多的。

這裡，我們可以看出謝雪紅的愛國思想，也可以看出謝氏當時對國民黨政府的態度。中國國民黨政府收回台灣，開始是受到廣大台胞的歡迎，也受到謝雪紅這些台灣共產黨人的認可。因爲當時的國民黨政府畢竟是代表中國主權，代表中華民族的政府。所以，謝雪紅和那位林姓青年一樣，爲了愛護自己的祖國，爲了消除日本侵略的隱患，將這個軍火庫的發現報告給台中縣政府，希望政府加以接收。謝雪紅對陳儀政府的腐敗，比之一般台胞的認識當然深刻，但也不是一開始就反對它的，而是一步步走到反對方面的。特別是當暴風驟雨般的「二・二八」群眾起來時，身爲台灣共產黨領導人，她才勇敢的站出來領導人民，公開和台灣當局展開鬥爭。

三、《新知識》的出版和《和平日報》改組

《和平日報》剛出版沒有幾天，樓憲就被迫離開了。因爲報社主任秘書韋××在我們籌備時到大陸探親了，他回台灣時感到大權旁落，提出自己要兼任經理，於是樓憲走了(以後又回台中任二中校長)。幸林西陸是副經理，經理部還基本上是謝雪紅的人。由於《和平日報》時常揭發台中地區的腐敗現象，台中當局便用種種辦法壓李上根辭退謝雪紅介紹來的人。如有一次通過台灣警備司令柯

遠芬將李上根訓飭一頓等等。於是李上根便將他所知道的是謝介紹的人，如楊克煌、蔡鐵城等統統辭退了。可是因王思翔和我仍在，所以謝雪紅對報紙的言論還有一定影響。王思翔與我不是共產黨員（一九四八年間我們參加中國民主同盟），當時謝氏曾叫我參加，我口頭答應，但未履行手續。當時我們與謝的合作主要是對國民黨不滿。

一九四六年國共兩黨和談期間，上海出版了許多進步的內容充實的雜誌。上海、台灣雖近在咫尺，但台灣政府卻禁止這些雜誌進口。《和平日報》是新聞機構，報社人員時常來往南京、上海一帶，所以報社資料室倒擁有許多進步的雜誌。我們和謝雪紅商量，創辦《新知識月刊》，以介紹國內進步文化爲主，也刊登台灣的稿件。謝氏變賣了一副金首飾作爲經費，便準備出版了。我按照台灣報刊出版法向台中市政府登記，但心中知道刊登內地進步的文章準會出麻煩，於是和謝商量對策。謝叫楊克煌帶我去見台中市著名律師、南京中央政府國民大會台灣省代表林連宗先生，聘請他爲《新知識》雜誌社法律顧問（義務職）。林先生慨然同意（以後「二・二八」起義失敗，林在台北遇難）。我們天眞地希望用法律手段保護雜誌。《新知識月刊》由台中一家印刷店承印，內容是選登薛暮橋等幾篇經濟論文和反對內戰的文章，以及謝雪紅、楊克煌，我們兩人的作品。封面用一張屠夫宰殺雞籠中小雞的漫畫，暗示國民黨殘害人民，編輯用樓、周、王三人的眞實姓名。雜誌剛印好，我準備第二天提取。當日下午我因事去台北，晚上回來在火車上碰到樓憲，我將樣本給他看，他當時因忙於校務，實際上未參加編輯。當他看了封面翻翻內容，責怪我說：「這雜誌肯定會被查封」。樓憲的話不幸而言中，當我第二天下午去提取雜誌時，早有一個台中市政府的人員在等我了。這人對我說，他奉市長黃克立的命令來查禁《新知識月刊》。我說你們要查禁，應該通過法律手續。這人不理，逕自問印刷店老闆共印多少份。這老闆大概在日據時代見過查禁書刊的。他反問這人說：你們市政府認爲那篇文章有問題，可以抽去或刪改，我們可以重印。這個台中市政府人員厲聲的打斷他的話：「不關你的事，你印了多少份都拿出來就是了。」幸虧這位老闆幫忙，他搬出三百份說：「全部都在這裡。」這個台中市政府人員命令他帶來的兩個便衣小特務，將三百份雜誌捆起來放在車上走了。我被搞得目瞪口呆，毫無辦法。我們所想靠法律保護的幻想完全破滅了。只好將剩下的二百份帶給謝雪紅，說明經過。謝對這些事的經驗比我豐富，笑笑說，能留二百份還算不錯。這剩下的雜誌，其中一百五十份由謝秘密分發，五十份分我暗裡託一位朋友在台北書店銷售。同年八月間，台灣長官公署明令取締二十多種書刊，《新知識月刊》是其中之一，終於壽終正寢。經過這事後，我們發現時常被人釘梢。樓憲的台中二中校長只做半年也被免職。

接著《和平日報》誤刊了陳儀辭職的新聞，一天晚上，電訊室送來一則國民黨中常會通過陳儀辭職照准的新聞。這新聞如何而來，我至今也弄不明白。因事關重大，編輯部同仁請社長李上根決定。因爲台中市這時只有《和平日報》一家報紙，無法向其他報社查對，同時也怕其他報社搶先，於是李上根決定編發。可是第二天台灣全省報紙都無這條新聞，台灣當局認爲《和平日報》有意搗蛋，李上根只好乘飛機趕往南京請罪。過了一段時間，李回來了，帶回一個南京總社派來的副社長兼總編輯，報社編輯部改組，王思翔被免去主筆職務，專編副刊；我被免去編輯主任，外調花蓮港分社社長。台灣當時報社的所謂「分社」，實際是報紙推銷處，我不願意幹，在一九四七年一月間就離開了《和平日報》社。至此，謝雪紅對《和平日報》的影響消失了。「二•二八」起義失敗後，《和平日報》被查封，王思翔倖幸乘小船逃回家鄉，李上根也被囚禁了幾個月，才獲得保釋。

這時謝雪紅也離開了台灣，聽說通過地下黨的關係化裝搭乘國民黨兵艦離開的。《和平日報》從一九四六年三月創刊，到一九四七年三月初查封，整整一年，也可說和謝雪紅當時的活動相終始。

最後，我想講幾句謝雪紅當時（一九四六年）和國內中國共產黨是有聯繫的。因爲我的女友經常住在她家中，所以我到謝處的次數也很多。有時我在她家看到一些介紹延安的書籍，有次我看到當時陝甘寧邊區中共政府的組織法。這些書都是國民黨的「禁書」，一般人看不到的。特別是：有一次，我的女友對我講，她想和台中青年何集淮等人到大別山解放區。何集淮等人我是認識的，因爲我也想去，便向謝氏提出自己的要求。由於謝當時對我不夠了解，她避而不答，我的女友反而遭到她的嚴厲批評而且也沒有去成。以後我只聽說何集淮等幾個人到國內去了。一九五〇年解放初期，我在上海遇見何集淮，這時他改名爲何建人，擔任上海某公司工會主席，聽說在「文化大革命」中被「四人幫」爪牙迫害而死。從何集淮這事可知謝當時和國內中國共產黨是有聯繫的。上面我講過，我沒有參加共產黨，所以我對謝氏她們台灣共產黨的其他情況都不了解。

（下附一九四六年十月二十一日上海《文匯報》複印一份）

悼念謝雪紅女士（七律兩首）

英年留學莫斯科，巾幗英雄軼事多。
葬父賣身傳閭里，斬奸斥敵動山河。
誰知狐鼠憑城社，遂教鸞凰困網羅。（註）
他日台灣回祖國，定知泉下起歡歌。

×　×　×

四十年前兩後生，無端橫禍棄家行。
京華浪跡難求食，海外飄零幸識荆。
山有室廬堪宿客，人非草木豈無情。
自從負屈歸天去，西岸濤音作哭聲。

（註）指受「四人幫」迫害

無題（七絕一首）

台灣往事已成塵，甌越蹉跎誤此身。
更有不堪回首處，海天極目憶斯人。

周夢江
一九八九・六

附錄　台灣的秘密

周夢江

台灣從勝利接收到現在所發生的種種醜事，眞是記不勝記，有的已散見於各地報章雜誌，記者願就一些外界不易知道的和最近發生的事實，加以報導。

六七月間上海《僑聲報》揭載了日人在台灣的陰謀，指出省長官公署優容日人，各項軍火無人接收以及日人間諜在台灣的活動等事。當時作爲長官公署喉舌的《台灣新生報》，曾加以辯駁說：「難道台灣眞有軍火無人要的事嗎？恐怕雖三尺童子也不會相信」，而對於日人在台灣的人數，該報亦承認：「連家屬一併計共二萬八千人」。

關於台灣是否有「軍火無人要」的事，我願意告訴讀者一件悲痛的事實：

去年八月日皇昭和正式宣布無條件投降後，那時在台灣的日人感到空前的恐慌，在國軍尙未大量開入台灣接防，少數「前進指揮所」人員沉醉於「五子登科」的時候，日軍利用這個時機，指揮少數高山族人偷偷的將軍火運到深山裡去（這時日人不敢利用台灣人，因爲當時台灣同胞愛國情緒非常熱烈，而高山族同胞則比較消沉，同時，日人不敢明目張膽的藏匿軍火，也怕台灣同胞日後揭發）。

這時，集中在台灣省台中州的軍火很多，而台中州的面積又最大，它的南部都是叢山竣嶺，因此，藏匿在台中南部深山中的軍火亦最多。大多數台胞都知道日人這種舉動，想到這將給台灣留下一個不堪設想的後果，一些台胞，尤其是青年人，都嚴密的偷偷的監視著日人這種舉動，先記住一個大略地點，等以後再向政府告發。台中南部山嶺裡「水裏坑」地方的一個青年林君(惜忘其名)，他曾經親身釘梢過偷運軍火的日人，知道一個埋藏軍火的大略地點；待日人大部撤退後，他便天天在水裏坑附近的深山中探尋，結果在一座山中發現了一個建築得很堅固的地窖，設法打開了窖門後，裡面竟藏著許多的槍枝彈藥以及大炮坦克。他驚喜非凡，馬上回來向台中縣長劉存忠報告，同時又向各軍事機關報告，這些要人口頭上答應馬上派人去搬回，但要林君先替他們看守好，再來搬運。於是林君便自己出錢，僱人來看守，等到他三番兩次地向台中縣長劉存忠催促時，劉竟置之不理。這時，林君一方面悲憤祖國官吏的腐敗，一方面又恐懼日人間諜的報復和高山生番來搶，在他走頭卻無路的時候，他的朋友們曾一再替他設法請軍事機關加以接收，但終告絕望。他受不起如許的打擊，竟抑鬱而死了，從林君悲慘死去的事實上，我們對於台灣剩餘軍火是否會無人接收一事，還有疑問嗎？附帶說一句，這批軍火最近連一點消息也沒有了。

一九四七年後我和謝雪紅的關係

一九四七年三月間，我用同鄉同事李士俊的船票，因我和李君身材、長相相差不大，倖幸通過碼頭的檢查，登上船總算安全到了上海。在上海，我身無一文，在一位台灣籍醫生家中寄食，現在記不起是誰人介紹，反正我時常在他家中白吃飯，晚上則住在《前線日報》的宿舍裡。一九五〇年五月間我調到台灣民主自治同盟總部時，才知道這位醫生是盟員，記得姓李，聽說已作古了。

因爲在上海找不到工作，便到杭州《當代日報》任記者。又因怕人知道自己在台灣的事，而當年迫害我們的平陽縣長已經離任（解放後此人在平陽公審伏法），同時王思翔也已回溫州（他是坐同鄉人的小船回來的），來信要我回去一起在某報工作，於是我在同年五月回到溫州。

因爲我是畢業於師範學校的，過去教過書，這時仍舊用自己原名——周大川去教書。一九四七年下半年間，王思翔接到楊克煌的信。這信的封面上寫「溫州報社轉交王思翔、周夢江收」。因爲我已用了原名，而王思翔適在某報社工作，所以他收到了。王思翔當時將這事告訴了我。接著我們兩人參加了中國民主同盟溫州地下組織，爲了審愼起見，我兩人商量由王思翔單獨和楊克煌聯繫。當時楊克煌和謝雪紅是在香港，我們兩人曾要求去香港，但楊回信說，香港生活程度太高，生活不易維持，因此我們就沒有去。這段期間，楊陸續寄來《華商報》（它是中共南方局機關報），我則去王處閱讀。王思翔曾將這報所刊社論、新聞，轉抄給中共浙南游擊隊，並編輯雜誌，秘密散發。

一九五〇年五月，謝雪紅同志通過浙江省中共組織部，調我到台灣民主自治同盟總部工作。我到了上海，遇見她和楊克煌。也有一次碰到蘇新。以後我因病仍回溫州專署文教科工作。

一九五一年我因甌海中學同事吳君被懷疑爲托洛斯基分子(其實吳君是中共地下黨員,現已恢復黨籍，並享受離休幹部待遇)，吳與我是小同鄉又是小時要好同學，因而我也多次受審查。

從一九五二年起到一九五七年反胡風運動止,這幾年中我寫給謝氏許多信,大都是向她訴苦的。她都一一給我回信，安慰我。其間，她知道，我當時身體不好，家中又窮，曾給我一點錢，我拿來買了《列寧全集》和斯大林的書，希望提高自己的政治認識。吳君的案件剛審查完畢，王思翔又被當作胡風骨幹分子被逮捕，我又受到牽連，停職檢查，囚禁。家中的書和謝雪紅給我的信都全在審查之列，因此，謝雪紅寫給我的幾十封信都散失了。今天，我手頭只有一封一九五七年一月三日謝雪紅寫給我的信(手抄稿，原信是送到文教部去，前年我去查過，這信也丟了)。這信不長，現在照抄如下：

周夢江同志：

你十二月二十八日的信今天收到了。我的身體很好，謝謝你對我不斷的關心。你的身體是需要注意的，因爲你健康一向不夠好，特別又受了一些曲折，更要影響健康，這是可以想像的。

不過我見信後很爲你高興，因你經得起考驗，現在你的歷史大部分弄清楚了，這是對今後工作有利的。

來信中談到溫州市委教育部要我寫你在台灣一段的歷史，我很願意擔負這個工作。因你在台灣一段歷史對台灣文化界作了進步、對人民有貢獻的工作，並且對我們在台灣工作中有很大的幫助。尤其是二．二八暴動，你遭到敵人的迫害，不得不離開台灣，這些我都很清楚。你可向教育部說明，如果需要的話，最好要教育部通過組織的手續來對我了解，我可以爲你證明。

王思翔因受胡風思想影響，在被押中也累了一些朋友，現在都搞清楚了，連他本人也搞清了，現在安徽省文化局工作。必要時你也可以與他通信。

最後願你保重身體，繼續努力工作。有些事情遲早會搞清楚的，你不必自揹思想包袱。

此致

敬禮

謝雪紅（蓋章）

一九五七年一月三日

由於當時溫州沒有複印機，不能複印。我將謝信送給溫州文教部部長董銳同志，自己抄了一份存在家中，這就是唯一的一封信了。

一九五七年我曾想再調往上海台盟總部，因爲自己有家庭拖累，特別是溫州組織不同意調。接著反右派運動發生，由於我這時對政治毫無興趣了，天天在讀古書，因此「反右」運動中倒安然過關，而上海傳來消息，謝雪紅同志、楊克煌被錯劃爲右派，而且已離開上海，從此便失去了聯繫。

今天謝、楊兩位同志早已作古，而我也年近古稀，追憶往事，不勝惆悵。謹以眞實情況昭告世人，並希望讀者對一生忠於人民、忠於共產主義事業、熱愛自己祖國的謝雪紅同志能有公正、正確的評價，則我的心願則算達到了。

周夢江

一九八九年七月十三日深夜

寫於溫州師院宿舍

懷念亡友楊克煌

周夢江

一九四六年春間，我在台灣台中市《和平日報》工作，認識了當時台灣著名共產黨人謝雪紅。因而也認識她的主要助手楊克煌。因報社需要日本版編譯，便請他擔任。當時台灣一些大的報紙都有日文版，便於台灣同胞閱讀，因爲台灣淪陷五十年，在日人的禁止下，大多數台灣同胞是不識中文的。

楊克煌是個態度嚴肅、不苟言笑的人。每當我們到大華酒家看望謝雪紅時，他常坐在一起，但從來不揷話，似乎沒有他在場一樣。同事了一個多月，也沒有講上十句話，大家相敬如賓。促使他和我接近起來，是有過這麼一件事：

一天，他來找我，說他有個朋友是牙科醫生，住房兼診所的房子不知爲什麼緣故被《和平日報》的工作人員查封了。按當時的法令，接收人員封的都是「敵產」，可是這位牙科醫生卻從來未替日人做過事。我知道楊克煌坐過日人的監獄，如果這位醫生眞是敵人的爪牙，他決不會幫他講情。在他的陪同下，我去看過被封的房子，也會過這位醫生。最後我向李上根社長查問，奇怪的是，這件事連李上根也不知道。我問來問去，終於查出這是報社附屬下的造紙廠兩個職員幹的。這兩個職員是台灣人，平時穿著軍便服，佩帶手槍，我不認識，也不知其底細。只是有一次十幾個報社同事在李上根處吃午飯，這兩個人也在座。飯後大家閒談時，這兩個人中一人玩弄自己的手槍，「砰」的一聲，手槍走火，大家都嚇了一跳，還好，沒有傷人。因爲這房子不是報社徵用，而是這兩人假借報社名義在敲榨，他們的把戲一經揭穿，便不得不把房子歸還牙科醫生。不久，紙廠停辦，這兩個人也走了。這件事後，我和楊克煌慢慢熟起來。

使我認識他是一位具有組織能力的職業革命家，是在台中記者公會選舉理事這件事上。同年五六月間，台中要成立記者公會，選舉理事，這件事，我們開始未予重視。可是楊克煌不這樣想，他認爲記者公會是合法的群眾團體，最好能由我們掌握。我們聽從他的意見，就參加競選。我們發現各報在台中的分社報來的記者名單有一百多人，而我們的編輯加記者只有二十多人，雙方人數差距很大。仔細研究後，才知各報分社的記者名單都攙有很大水分，其中有很多人不是報社的專職記者，而是掛名「通訊員」或「特約記者」的社外人員。於是我們也想辦法：一方面仿效他們招募一批通訊員，一方面將報社中的校對、資料員、電訊人員等都作爲記者列入名單。可是臨時從何處招收通訊員呢？楊克煌一下子開了幾十個人的名單給我。這樣，我們報社的「記者」人數大大超過了對方，選舉結果，李上根和我當選爲理事，王思翔爲候補理事。理事會有五名理事，兩名候補理事，李上根爲理事長，加上一名靠我們幫助當選的某分社社長，我們便取得台中記者公會的控制權。可惜這記者公會未做什麼事，我以後就離開台中。當我向同行辭行時，親耳聽見一個受國民黨台中市黨部控制的姓徐分社長說(他們講本地話，以為我聽不懂)：「周某離開後，他的理事空缺，我們要把它爭到手」。可見當地一些報社人員也是想控制記者公會的。

楊克煌主管日文版，我和王思翔相信他(在陳洗未來之前，由王和我負責編輯部)，放手由他去搞。他闢了個小欄目，叫做「街頭巷尾」，每天三言兩語，成一專欄。開始時台中當局因它是用日文寫作的，未加注意，以後慢慢知道，並且被刺痛了，便進行調查。查出是老楊寫的，台中市長黃克立便要求李上根將他解聘。因為老楊在台中、彰化有點名氣，大家知道他是前台灣共產黨一個負責人。但是這時在台灣物色一個中、日文都有相當造詣的人才很難，我們便以此為藉口仍舊留用，黃克立無法，便向上級報告說《和平日報》重用共產黨人，報社被謝雪紅控制云云。後來便派了個秘書游芳敏到報社任主筆兼管編務，但這人文化水平不高，文筆不通，日文又不懂，待了一二個月，知道自己掌握不了，便悄悄走了。最後在同年十月或十一月間，黃克立和台灣警備司令部參謀長柯遠芬再施加壓力，李上根將日文版停辦，辭退了楊克煌。

老楊是彰化市人，當時寄住在大華酒家樓下一間小屋子裡。有一次他生了病，他的夫人從家中趕來服侍他，我們也去探視過他，見過他的夫人。他有幾個女兒，有一個在大華酒家住過頗長時間，我們時常看到老楊將她抱在懷中在院子裡散步。關於他和謝雪紅的同居關係，是秘密的。當時我們也聽到一些流言碎語，但未加理會。老楊為人深思遠慮，謝雪紅遇有大小事情都與他商量，楊多謀，謝善斷，在事業上彼此有依互作用。謝的口才很好，中文、日文、俄文都會，一口漂亮的普通話而不帶閩、台地區的方言；楊則訥訥寡言少語，但文筆很好，精通中、日、英三國文字。因此，謝的很多文章都是楊代筆的。我們編輯《新知識》月刊時，謝和楊各有一篇文章發表，謝的文章就是老楊代寫的，看看稿件的筆跡就可知道。當時謝的身邊聚有一批二十多歲的青年人，他們都很尊敬謝和楊二人。我們對老謝和老楊也很尊敬。我們對老楊的尊重主要是：他為人穩重，肯熱心幫助人，又能冷靜地處理事務。報社裡的記者蔡鐵城差不多事事都請教他，他都很耐心、細心的加以指教，而且並不輕視其人。同時，楊非常用功，對社會科學理論很有研究。他只有中專程度，可是用中文寫的文章很有條理。當時台灣文人，一般說來，能用中文寫作的，都是長期在國內住過的人（個別具有較深的古文學根底的老先生則又當別論），一般文人不大會寫通順的中文文章。著名的台灣作家楊逵、張文環當時和我們時有往來（見拙著《記台灣作家楊逵二三事》），楊逵的日文文章寫得很好，他的中文文章就有點彆扭。張文環則根本不會用中文寫作。而老楊的文章沒有那種一般台灣文人可能有的日本式的語法和句子。我起初以為他在國內住過，實際上他一向在台灣，只是「二・二八」事變後才到國內。他的中文寫作水平，兼通日文、英文，都是依靠自己進修取得的。

一九四七年一月間，我離開台中到台北《中外日報》工作。這時楊已早離開《和平日報》在經營一間雜貨店，我曾去看過他。「二・二八」事變後，聽說他已安返國內，最後去香港工作。這時，謝雪紅有信給我和王思翔，因我和王已參加中國民主同盟，為遵照規定，由王思翔和謝氏單線聯繫，我只是間接從王思翔那裡得知他們消息。

最後一次見面，是一九五〇年夏天。這時，我的家鄉也解放了，我也參加了工作。我接到浙江省府調令，到上海台灣民主自治同盟總部工作。因我這時新婚不久，又生了一個女兒，我的父母早死，家中無人照顧，加上這時我有病，調到上海後，便藉口請調回溫州原單位。老楊為了挽留我，曾兩次來到我的住處——華東招待所的頂層。這是座十七八層的高樓，當時沒有電，電梯無法使用，他吃力地爬上爬下，使我很受感動，他替我和他自己合拍了許多張相片，因我以後再沒有遇見他（我以後在一九五一年和五二年曾兩次出差杭州和上海，都到百老匯大廈看過謝雪紅，最後一次去時，也到過台盟總部，秘書長已換了人），因此相片都沒有拿到。我在溫州，沒有直接和他通信，只是在寫給老謝信中順便向他問好。不久，我被人誣告，調去學習，最後被囚禁。問題澄清後，我調到中學任教歷史課，重理舊業。經過這次審查，我後悔不該從台盟回來，因為謝、楊對我情況了解，這種「莫須有」的事，一查即明，他們是會慎重處理的。接著反胡風運動開始，我因王思翔的關係，又被隔離審查。這時，「反右」鬥爭已經開始了，好在我這時只是鑽古書堆，沒有什麼「右派」言論。等到反胡風運動結束我重回工作崗位時，翻翻舊報紙，知道他和謝雪紅都被錯劃為「右派分子」。一九五四年——一九五七年老楊和王思翔都在安徽工作，因我和王思翔是姑表兄弟，他回來時我也偶然碰到，知道老楊任安徽省圖書館副館長。在當時形勢下，我不便和老楊通信，這期間他寄給我一本湖北人民出版社一九五五年出的《回憶「二·二八」起義》，沒有信，只是在書中夾一便條，要我看後提些意見，以便再版時修改。便條上也沒有他的通訊地址，我知道他一向謹愼，怕給彼此若上麻煩，所以也就不敢回信。這也是我們之間最後一次聯繫。

「文化大革命」一開始，我就被批鬥，家中被抄。我一向珍藏的老謝相片和一些在台灣所拍的相片，被抄一空，就是一些有關台灣的書籍也被人掠爲己有，以後也沒有歸還。幸好這本老楊寄來的《回憶二・二八起義》和一本我自己買來也是老楊著作的《台灣人民民族解放鬥爭小史》以及幾本歷史書籍爲我老伴匆忙藏起來，總算是「劫後餘生」，至今留存我的書案上。老楊這兩本書都有老謝寫的《序言》，今天便成爲他們留給我的唯一紀念品了。

今天，老謝和老楊早已離開人世，也恢復名譽，而我也年逾古稀。世情變幻，人事滄桑，緬懷過去，我深深憶念美麗的台中城市，更深深憶念我的老友楊克煌。最近我在寫一些回憶文章，想趁自己尙有一口氣的時候，將我的友人這些平凡而又偉大的業績介紹出來，庶幾使後人不致忘懷他們。寫到這裡情不由己，聊打油舊詩一首，以作結束。

追思往事淚滂沱，老友音容入夢多；
回憶台中諸義士，棲身甌越我蹉跎。

一九九三年十二月，周夢江記

「二二八」中與蘇新相處的日子

周夢江

「二·二八」事件是場民族悲劇。這一事件雖已過去四十三個年頭，但我對曾經患難相處的友人蘇新先生，卻有著難以忘懷的回憶。

當年，我正在台北《中外日報》編輯部工作。那天(二月廿八日)下午，我奉命到省參議會採訪新聞，隨同請願的議員乘車去見陳儀長官。車子到達時，只見長官公署門前的廣場上擠滿了請願的群眾，密密麻麻，水洩不通。群眾見是議員們的車子，勉強讓開一條路，當車子剛剛抵達公署大鐵門時，迎頭而來的是一陣機槍聲，議員們幸未受傷，我也陪著受了一場虛驚。事後聽說當場死傷十多人，這更加激怒了台北人民，憤怒的群眾馬上在中山公園開會，佔領了園內的廣播電台，向全省宣布這次槍殺請願群眾的罪行，於是一場席捲全省震驚中外的大風暴開始了，官逼民反，這就是一九四七年的「二·二八」事件。

《中外日報》是一九四七年二月一日創刊的，社址設在台北。它是板橋大企業家、大土地所有者林宗賢創辦的，林氏本人是省參議員，自任報社董事長。社長由浙江臨海人鄭文蔚擔任。鄭原是國民黨CC系《東南日報》的採訪主任，他到台灣後，巴結上國民黨政學系陳儀（浙江紹興人），任台灣省長官公署參議，在台北官場中相當活躍。我到《中外日報》工作，是該報專員（相當於顧問的職務）陳本江介紹的。我在台北與林宗賢談過一次，他當面聘我爲採訪主任，以後因鄭文蔚有親信擔任此職，改任我爲編輯。有人說陳本江在報社權力很大，這是無稽之談。鄭文蔚對編輯部控制很嚴，林宗賢平日都無法過問，何況陳本江。陳本江雖是台灣人，但聽說在大陸工作時間很長，在北京大學任過講師。我和他也是朋友介紹認識的，相交不深，所以不甚了解。

「二・二八」事件發生後，報社印刷工人罷工，報紙被迫停刊。大約是三月二日左右，這時台北局勢漸趨穩定。先是台北一些民間報紙紛紛出臨時版，替台灣民眾宣傳。鄭文蔚認爲這時應有一份替陳儀講話的報紙（當時不僅台灣人民反對陳儀，國民黨中其他派系也對陳氏有意見），這也是他自己升官的機會。於是便在這天下午在編輯部召開緊急會議，出席的是編輯以上人員。他在會上提出：「報紙要馬上恢復出版，要爲陳長官講話。台灣這次群眾暴動是造反，絕對不能同意。」他這番話，大家並不感到奇怪，因爲他素日以陳儀親信自命。可是，他的號召卻無人響應。這是因爲一方面編輯部人員中有進步人士以及中共地下黨員；另方面即使是鄭的親信人員也知道難犯眾怒。於是整個會場啞然無聲……。

我畢竟年輕，涵養不夠，這時忍不住講了一句：「台灣群眾來打怎麼辦」？這事是和尚頭上蝨子！明擺著的，只是他們不敢或不願講而已。我這麼一講，大家嘩然響應，要求人身有安全保障。當時不僅鄭文蔚無此能力，即是陳儀也無辦法。鄭不能達到目的，便憤然離去。這次他雖然沒有成功，然由於他在「二·二八」中有某些「功勞」，以後陳儀改任浙江省長時，他升任江山縣長。

就在這天晚上，我接到陳本江的電話：「林宗賢派蘇新於明天上午到編輯部，請你協助他工作」。林宗賢這時是「台灣省二二八事件處理委員會」（下簡稱「處委會」）委員。陳本江打電話給我，是因爲在編輯中只有我算是林宗賢的人，而且又住在編輯部的宿舍中。採訪組中雖也有幾個台灣籍外勤記者，但他們不住在編輯部宿舍。

第二天上午，蘇新先生挾個袱蓋捲來了，當下我將他安排在自己房間，一道吃住。彼此商定先出八開的《中外日報》臨時版。

早上，蘇先生到省「處委會」和有關單位訪問，收集新聞和「處委會」的決議、通告，下午和我一起編輯發排，有時寫些短評。晚上無事，因當時社會秩序混亂，大家不敢外出，兩人便躺在床上閒談。他這時普通話還講不好，間雜著許多台灣話，遇到辭不達意時，兩人就用筆談。

在我所認識的台灣知識分子中，他們大都襟懷坦白，熱情感人。但外表卻有兩種：一種是性格內向，寡言少語，相對終日也沒有多少話可說；一種是性格開朗，熱情奔放，講話娓娓不倦。蘇新似乎介乎其間，有時我們相對而坐，他面容嚴肅，一語不發，而一經開口，卻談鋒甚健，妙語如珠，相當風趣而又思慮周密。當時我們談得最多的，是時局問題，即國民黨政府會如何對待「二·二八」起義群眾。他分析了國內外形勢，認爲當時內戰已開始，國民黨政府無力對台灣採取強硬政策，可能會作些小讓步。但是他又認爲國民黨政府不會任令自己後院起火而置之不理，因爲內戰中的軍糧大部分是由台灣供應的，所以也有可能派兵鎭壓。當時台灣知識界人士大都持樂觀態度，認爲國民黨政府會作些讓步。如原台北《民報》社長這時出任「處委會」宣傳組長的王添灯就是積極鼓吹這一論調的。這種樂觀情緒也影響了林宗賢。一天中午蘇新回來說，林宗賢要我們在最近期內恢復對開報出版。恢復對開報，單靠蘇新和我兩人，人手是遠遠不夠的，需要原編輯部人員都來幫忙。但是這批從大陸來的人員態度如何呢？當晚我們兩人在房間內細細研究，談到深夜。我盡自己所知的談了每位人員的情況，他則留心聽我介紹。以後，他起草了一份編輯部人員任用名單。由他任總編輯兼主筆，負責全面，偏重社論寫作；由我任副總編輯，負責編務。原編輯部全部人員職務不變，只有總編輯暫停工作，由林宗賢另行安排。蘇新要我在第二天找這些編輯人員交談，爭取他們支持。他自己則去找林宗賢商量。第二天，我和絕大多數人員都個別交換了意見，他們都願意支持台灣人民的正義行動，並接受蘇新先生的領導。中午，蘇先生回來時，我向他彙報了情況，他表示滿意。並說林宗賢同意我們所提的名單，準備次日召開編輯會議，予以公開宣布，立即出版對開報。

可是，就是這一天——三月八日晚上，傳來了國民黨軍隊在基隆登陸的消息。那天夜裡，編輯部宿舍附近槍聲不絕，我們兩人都沒有睡好，於是第二天編輯會議便決定暫延，由蘇新出去打聽消息，並找林宗賢商量，中午蘇先生回來，面色沉重，告訴我消息極壞。國民黨軍隊已在基隆登陸，殺了許多人，台北方面也有許多學生傷亡。我問他今後如何辦？他沉吟半天說：台灣中部尙在我們手中，是否兩人都到台中去。可是這時又聽人說，台中人民為了抵抗國民黨援軍，已開始破壞鐵路，赴台中之路也斷了。這一天，我如坐愁城，不知如何是好。蘇先生倒相當鎮定，默默在考慮，桌上香煙蒂積了一大堆。我以為他當天會離開編輯部，但當晚仍和我住在一起。他這時想到香港去，徵求我的意見。而我在香港、南洋一帶沒有親戚朋友，同時香港工作不易找，生活程度又很高。因此我想暫回老家，老家在山區，如果國民黨政府眞的來抓我，我也有機會脫逃。蘇新同意我的意見，決定我們今後各自單獨行動。（這裡還有一個重要原因，他當時不大會講普通話，我不會說台灣話，兩人一起走也不方便。）

因為這天晚上兩人談得很久，睡得不安，第二天八九點鐘才起床。剛坐下吃飯，總校對李君慌慌張張跑來對我說：「鄭文蔚已帶軍隊來查封報社，要捉拿你們，你們還不快走！」我們兩人便回到房間，蘇先生拿起行李，緊緊握一握我的手，說聲：「保重，再會」，他就走了。我也馬上離開編輯部，躲在友人家中。過了一個禮拜左右，台灣和上海開始通航，在朋友的幫忙下，我總算脫離虎口到了上海，以後回到老家。

一九五〇年五月間，我調到上海台灣民主自治同盟總部，住在華東招待所。蘇新先生聽說我來了，便來看我，兩人慶幸還能再見。因我當時身體不好，又請調回浙江。從此我重度粉筆生涯，過著書齋式的生活，與過去朋友很少通信，因此和蘇新先生便失去聯繫。

四十多年過去了，蘇新先生和台灣許多友人很多已經長眠地下，而我也老態龍鍾，行將就木，已是一個年將古稀的老人了。今天回顧過去，我有幸成爲「二・二八」歷史的見證人，可是台灣何日回到祖國的懷抱？海峽兩岸親人何時重逢團聚？……趁著我現在還有一口氣，寫下這些回憶，俾使蘇新先生的光榮奮鬥的腳跡，不致湮沒。而大陸和台灣的統一，這是蘇新先生和我們共同的心願。

一九九一年三月

二・二八事變見聞錄

周夢江

一、永世難忘的台北暴動

四十多年過去了，一九四七年的台灣「二・二八」暴動場面，是我永世難忘的。

二月二十八日上午，《中外日報》的一些編輯、校對聚在編輯部裡談論昨天傍晚緝私人員毆打紙煙小販、開槍打死群眾的事。有的說：「昨夜群眾包圍警察局、專賣局，要求懲辦兇手」。有的說：「情況會惡化，一些學校、工廠、商店已經開始罷課、罷工、罷市了」。這時遠處大街上傳來陣陣的吶喊聲。忽然，排字房中的工人打著旗子，叫著「罷工、罷工」，向大門蜂擁而去。隨後社長鄭文蔚趕來了，他處理了一些事務後，對我說：「陳陣（採訪主任，福州人）病了，沒有適當的人，請你代勞一下，到市參議會採訪些新聞」。

我是一九四六年三月到台灣，先在台中《和平日報》任編輯主任。一九四七年一月底因《新知識》①月刊被查禁，我受台中市政府注意，被迫辭職離開，由友人陳本江介紹認識《中外日報》②董事長林宗賢。林宗賢當面聘我為採訪主任，社長鄭文蔚不同意，改任編輯，開始編國內新聞。過了幾天，負責本地新聞。因在新聞的選用上與鄭文蔚、陳陣意見不一致，這幾天剛調編副刊社會版。雖只短短一個月，卻調了三次工作。這時鄭文蔚要我去，不知是何用意，而我自己也想去看看，便答應下來。

吃過午飯，我匆匆趕到市參議會。整個會場熱烈騰騰情緒激昂，議員們有的面紅耳赤，大聲的斥責台灣當局的腐敗；有的則顯得疲倦。聽說自上午開會到今，午飯也未吃。我找到一個座位剛剛坐下，聽到一個議員提議「我們應該集體向陳儀長官請願！」話也未說完，滿場就響起掌聲，提案通過了，議員們紛紛湧向門口，我也快步跟隨，搭上一部汽車，向長官公署疾馳而去。

台灣行政長官(即省長，大陸上稱省主席)公署，原是日據時代的總督府，是座堡壘式的府邸，裡面自有專用水電設備，即使被包圍，也可以支持一、二個月。公署門前是個廣場，平時經過這裡，覺得它空空盪盪，這時密密麻麻的擠滿了人，眞是水洩不通。群眾看到議員的汽車，讓出一條路，使汽車開到公署裡去，可是公署大鐵門卻緊緊關閉著。當我在車內還未下來，一陣密集的槍聲響了，子彈從天空呼嘯而下，嚇得我在車內不敢抬頭。也不知過了多少時間，槍聲停了，滿地都是群眾逃命時留下的自行車。事後知道長官公署屋頂上架著的重機槍向群眾掃射，當場打死三人，傷數十人。

我恍恍惚惚回到大街上，心也還未定下，便被一群台北市民扭住了。由於陳儀帶來的一些公務人員，平日作威作福，欺壓群眾，所以當時台灣同胞對大陸來的人有誤會，稱之爲「阿山」（其意大約和外國人稱華僑爲唐山人相似）。而大陸人員的服裝與本地人服裝有區別，所以這批人一眼就認出我是從大陸來的。幸喜我這時外衣掛著報社證章，口袋帶有名片，便向他們解釋：我是記者，爲了採訪新聞，剛才也險些送了命。他們相信了，還有一位台灣同胞自願護送我回報社。最近聽說當時《中外日報》記者詹致遠（現名吳克泰）、周傳枝（周青）寫了緝私人員打傷煙販的新聞，只有《中外日報》在印刷工人的壓力下獨家刊載，因此該報在台北人民心中有好印象。可能因此使我能夠回到報社。

路上的情況是相當恐怖的：一批批憤怒的群眾搗毀了商店（都是官僚資本開設的大商店），將裡面財物搬出來，放在街心當場焚燒；也有一些人毆打、追趕大陸來的公務人員。大概是護送我的人怕走大街不安全，我們兩人轉入小巷，可能這裡正是機關人員住宅，我也同樣看到許多財物放在路中焚燒，滿巷都是哭聲。於是兩人又回到大街。街邊的廣播喇叭高叫著：群眾在台北中山公園召開市民大會，作出決議，號召全省人民起來，爲死難同胞復仇！

我回到編輯部，向同事們敍述了自己的遭遇見聞。稍後，鄭文蔚也來了，他家也遭到搗毀。這時同事們都恐慌起來，因爲我們都是大陸來的，台灣同胞對大陸人既有誤會，對我們也會仇視。於是大家向鄭文蔚提出意見，設法保護人身安全。當即吃了晚飯，在總編輯唐元豫帶領下，我們二十多人住到新聞處去。我又隨著同事再到長官公署旁邊一座房子裡，和大家一起躲了兩天兩夜。因爲都未帶被子，穿的又是單衣，晚上相當冷，無法之中，只好將新聞處理的舊報紙充當被褥，睡在公事桌上，幸喜大家都是二、三十歲的人，沒有人生病。

二、暴動的社會經濟背景

從一九四六年三月到台灣算起，這時整整一年，台灣同胞的態度起了一個一百八十度的轉變。那時距離日本投降，台灣歸還祖國的日子還近，我在台中聽到許多愛國的事：

台中市許多知識分子，打開祖先的神廚，焚香禮拜，眞是陸游的詩云：「王師北定中原日，家祭無忘告乃翁」。

火車上，台胞不約而同的不講日語，如果有人偶然說了一句，便會受到周圍群眾的批評。

據說：駐台日軍某部在投降後，企圖與台籍軍官聯絡感情，舉行告別會，結果雙方軍官拔槍相對，不歡而散。

同胞從整整五十年的異族統治下回到祖國懷抱，其愛國之情是可想而知的。可是以陳儀爲首的各級官員卻辜負了台胞的期望。這些官員包括他們的子女，大多數熱中於「五子登科」③，卻不正經的去管理工廠礦山，資金飽入私囊，器材盜賣，工廠關門，礦山停產，廣大工人紛紛失業。農村中捐稅繁重，日本人離開了，而日人時代的一切苛捐雜稅都仍保留，而且還增加了新稅捐。台灣是一年三季出產大米的地方，這時有些地方竟鬧米荒。最近我搜集到幾篇自己當時寄給上海《文匯報》發表的文章，其中有一篇以「鳳炎」筆名刊於該報民國三十六年(一九四七年)三月四日第五版，題爲《台灣最近物價的漲風》。文章說：「首先領導物價上漲的物品是食米。台灣本是一個餘糧的區域，可是在軍糧無限制的輸出和田賦徵實下，來源枯竭了。於是食米的價格便一路高升，從一月份每斤台幣十三元五角，漲到二十六元，最近(二月份)更飛漲到三十六元左右。這種破天荒的米價，當然會引起社會的不安……實行『米價最高辦法』後，各地均發生無市無價的現象。居住在此間(台北)的人，竟亦有三、四天買不到米了。米貴的原因……主要是一些投機家的播弄，如果將這個罪名加在米商頭上，那未免是太寃枉了。因爲台灣大部分的土地是掌握在政府手中，加之在田賦徵實以來，大部分的米糧是歸於政府，如果政府能夠大量的拋售平價米，那麼米價是不難抑平的。……因此，我們也可猜測到這次米價波動的幕後操縱者，到底是那些人物」。

文章還談到，台灣一九四七年二月的物價，據官方統計，比較去年十一月的物價，平均漲了一倍。當時國民黨政府的法幣無限制出籠，陳儀在台灣搞了一個獨立的台幣金融系統，規定台幣一元兌換法幣三十五元，企圖避開法幣的通貨膨脹。可是由於陳儀部下的無能、腐敗、工業蕭條，財政赤字全靠台幣發行來彌補，因此台灣的通貨膨脹比大陸上還厲害。台幣對法幣的黑市匯率，從一比三十五，降到一比二十八，有一度竟跌至一比十八。官方規定的兌換率亦只好降爲一比二十四。

我這篇文章是二月中旬寫的，這也可以看作二・二八事變的社會經濟背景。

隨著台北人民的暴動，基隆、台中、嘉義、台南、高雄、花蓮港等地人民都先後起來了。台北是省會，又是這次暴動的首先發難的地方。台灣省、台北市參議會成立了「二・二八事件處理委員會」（下簡稱「處委員」），成為領導人民起義的機構。

寫到這裡，讀者一定會問：為甚麼一九四五年八月台灣人民歡迎國民黨政府，而一九四七年二月卻反對國民黨政府？這實際是一事的兩面：一、當時國民黨政府作為中國主權的政府，作為代表中華民族的政府，淪陷五十年的台灣同胞自然會歡迎他的。二、國民黨政府包括台灣當局是反人民利益的政府，他對人民的壓迫剝削最終必然會招致台灣人民的反對。這情況不僅台灣如此，東北、華北淪陷區也是如此。開始，東北、華北淪陷區人民歡迎南京國民黨中央政府，不久就起來反對。他們說：「盼中央、望中央，中央來了竟遭殃」。正因為如此，所以在抗日戰爭勝利後不到五個年頭，南京國民黨中央政府就被人民推翻了。這裡，有兩個問題必須分清：前一個問題是主權問題和民族問題。台灣自古以來就是中國的領土，台灣人民是中國人民的骨肉同胞。後一個問題是中國內政問題，一個反人民利益的政府必會遭到本國人民的反對，這是古今中外都是如此的。如果當時的陳儀政府能夠照顧到台灣人民的利益，那麼，二・二八事變是不會發生的。今天，有少數人將這兩個問題混為一談，認為台灣可以離開中國，這是錯誤的。他們忘了自己的祖先，是福建廣東一帶沿海人民的後人，是鄭成功及其部屬的子孫。同時應該補充講一句，台北處委會和台中謝雪紅之反對陳儀，實際上是反對貪官污吏，而謝雪紅則和中國共產黨早有聯繫。

我在新聞處住了兩天，白天也到附近去看看。長官公署已成兵營，屋頂牆邊架著機槍，但軍警都不敢出來。街上很平靜，只有一些學生模樣的青年在維持秩序(以後聽說這些青年被國民黨成批屠殺了)。因爲局面稍微穩定，我們又回到編輯部，林宗賢爲了保障我們的安全，僱了十幾個人坐在大門口，鄭文蔚也偶有露面。一天下午，大約是三月二、三日的下午，鄭召開編輯會議，聲稱要恢復出報，要大力支持陳儀。鄭文蔚是浙江台州人，曾一度任設在杭州的《東南日報》採訪主任。陳儀是浙江紹興人，不知憑甚麼關係，鄭這時是長官公署參議。過了幾年，陳儀任浙江省主席時，鄭文蔚任江山縣長。這是後話。因爲編輯部人員除了幾個台籍記者外，都是鄭文蔚邀來的(有的是間接邀來)，只有我雖是浙江溫州人，卻直接受聘於林宗賢。鄭文蔚認爲編輯部都是他的人馬，他的意圖的實現是沒有問題的。可是會議一開始，他的提議沒有人附議，也沒有人反對。因爲這些編輯思想上大多傾向進步，其中有幾人，在解放後知道他們是地下中共黨員和民盟盟員。他們知道支持陳儀就是反對人民，特別是台灣人民會馬上來搗毀報社，人身安全無法保障。因此不敢附議。可是反對呢？礙著鄭文蔚的情面，也不想講。這樣，大家沉默著。這時，我究竟年輕忍耐不住，我說：「如果台灣人來打報社，怎麼辦？」這問題是和尙頭上的蝨子，明擺著的。我一挑明，大家紛紛附議。鄭文蔚的確無法保障大家的安全。他見達不到目的，便憤然作色說：「我以後不管報社了」。以後就未見他露面。

大約在當天或第二天晚上，我接到陳本江的電話。陳本江是台北人，當時約莫三十多歲，爲人嚴肅，聽說曾在北京某大學教過書，但不知專業是什麼？當時住在台北，並無家眷，我曾在其寓所住過一夜，其住處極其簡陋。我是在謝雪紅家中認識的，這時任《中外日報》參事。前年聽說早已在台灣犧牲了。他在電話中告訴我：「林宗賢已參加台北處委會，他派蘇新於明日到編輯部，希望你協助他出報」。蘇新和我本來認識，但不熟。他來後，兩人合編一張八開的《中外日報》臨時版。報上登載的大多是台北處委會消息，如《處理二・二八事件大綱三十條》，處委會公告，宣傳部長王添灯的講話等。這時，陳儀因爲台灣國民黨兵力有限，正使用緩兵之計，等待大陸的國民黨軍隊到達，所以口頭上對處委會讓步。而處委會成員卻誤信爲眞，反而要求群眾靜候處理。局勢似乎更穩定了。蘇新與我商量，打算恢復對開報，想請原編輯部人員合作，他們也同意。《中外日報》編輯人員雖全部是鄭文蔚聘用的，但具體來路不詳，其中也有中共地下黨員和民盟盟員，當時接觸中，彼此也意見相投，因而他們都積極幫忙，後來還通知我們離開。

三月九日，這天整個台北到處聽到槍聲，南京國民黨軍隊到達，開始鎭壓群眾了。我和蘇新剛起床在吃午飯（編報是夜裡工作的），總校對李岩楓（聽說他當時是民盟盟員，現在北京）匆匆跑來對我說：「鄭文蔚帶軍隊要來捉你們了」。我慌忙收拾幾件衣服，便和蘇新離開編輯部。因爲蘇新這時還不會講普通話，平時兩人是筆談的，他寫字告訴我將去香港，我則告訴他回上海。兩人緊緊握一握手，就分開了。一直到一九五〇年才在上海見面。

當我走到大街上，走幾步，就看到一個一個青年的屍體倒在路邊。我先躲在友人樓憲(尹庚)的家中，以後又到法商學院宿舍住了兩天。這時特務四處捉人，我覺得應該早點離開台灣，便到了基隆，住在一位女同鄉家中。

我數次到基隆港口查問回溫州的船隻。這裡回鄉人很多，平時是有商船直達的，可是詢問的結果是：台灣當局這幾天不准船隻出港。基隆港口平日人煙稠密，船隻眾多，可是這時海邊卻少有人行走，渾濁的海水時時泛出屍體，聽說國民黨軍隊登陸時，這裡曾發生一場血戰，看來這情況是確實的。

一天，我在碼頭看到台灣輪船公司的公告，一艘海字號輪船首航上海。但規定要先登記，每人交相片兩張，然後才可買票。我如果拿自己相片去登記，無異是自投羅網。在朋友的幫忙下，兩位泉州籍的老同學替我設法買到一張票；《中外日報》同事、少年同學李士俊本要離開台灣，因樓憲留他在基隆工作，暫時不走，也將船票送給我。總算還幸運，上船時，碼頭軍警林立，檢查旅客很嚴格，到底還給我過了關，坐船回到上海。這樣，我離開了台灣。

時間沖淡了記憶，但是台北二·二八事變的情景，使我永世難忘。

註釋

①《新知識》月刊，台中市中央書局發行，民國四十六年八月十五日創刊。王思翔、周夢江、樓憲主編。

②《中外日報》係參政員林宗賢創辦，社長鄭文蔚。民國四十七年二月一日創刊，二·二八事件期間由蘇新接辦，一星期間每日出報。事件後受查封，林宗賢被逮捕，與《和平日報》社長李上根同囚一室，根據李上根言，林家花了一大筆錢，才將他保釋出來。

③指國民黨官員接受金子、票子、女子、房子、條子，當時稱爲「五子登科」。

附錄　台灣最近物價的漲風

周夢江

去年一年來台灣的物價，雖然已是普遍的上漲，但是總算是比較穩定的。入春以來，隨著上海物價的波動，台灣的物價，根據官方的統計，比較去年十一月的物價，竟平均地漲了一倍。

首先領導物價上漲的物品是食米。台灣本是一個餘糧的區域，可是在軍糧無限制的輸出和田賦徵實下，米源枯竭了。於是食米的價格便一路高升，從一月份每斤台幣十三元五角，漲到二十六元，最近更飛漲到三十六元左右。這種破天荒的米價，當然會引起社會的不安，據當局的解釋，完全是大戶米商囤積的結果。因此，採取了一套登記餘糧和勸導米商的辦法，並且規定最高米價。可是實行「米價最高辦法」後，各地均發生無市無價的現象，居住在此間的人，竟亦有三，四天買不到米了。米貴的原因，除了來源缺乏的原因外，主要的是一些投機家的播弄，如果將這個罪名加在大戶米商頭上，那末免是太冤枉了。因為台灣大部分的土地是掌握在政府手中，加之在田賦徵實以來，大部分的米糧是歸於政府，如果政府能夠大量的拋售平價米，那麼米價是不難抑平的，可是拋售的數額很少，於是便坐待米價的上漲了。因此，我們也可猜測到這次米價波動的幕後操縱者，到底是那些人物。

米價稍微穩定後，金價卻又來一個突出，最近一週來，隨著上海金價的飛漲，台灣的金融市場亦發生了劇烈的波動。黃金，美鈔，港幣，都成倍數的漲；而相反的一面，台幣對法幣的黑市兌換率則是逐日下跌。

二月八日以前，黃金價格尙盤旋在每兩三萬台幣左右。九日晨起，金價突然飛漲，公會掛牌出三萬六千元，入三萬三千元，入晚，黑市漲至三萬八千元，美鈔隨之上升，出四百六十元，入四百二十元，漲勢毫無疲色。十日，公會掛牌仍舊，門市出三萬八千元，入三萬七千元，黑市則突破四萬大關，飛漲至四萬五千，直到是日收盤以後，市面一直在有行無市情勢之下；美鈔隨之，出四百八十元，入四百三十元，旋即進入五百大關。十一日，黃金以四萬元開盤，瞬即漲至五萬，忽又跳出六萬以外，美鈔亦躍至六百，一時市場頓形紊亂，公會卸下牌價，金商停止交易。

另一方面，台幣對法幣的黑市匯率，卻隨金價的暴漲而慘跌，從一比二十八跌到一比十八，尙且無法幣頭寸應市。台幣對法幣跌價最大的原因，是台灣對外匯兌的不通。因爲台幣和法幣的匯兌和台灣與內陸的貿易狀況是有絕對性的關係的。台灣對內陸的貿易，一年來一直在入超中，台灣既沒有大宗的出口貨，台灣銀行自無法取得上海方面的法幣頭寸。因此，在台灣的內陸商人既無法將台幣按官價(一比三五)兌取法幣，只好將台幣貶值來換取黃金，美鈔，法幣上。不管法幣本身如何的膨脹和貶值，台幣處於不利的地位，於是台灣的黃金美鈔的價格也常比滬市爲高。

金價米價劇漲的結果，一般生活必需品的價格亦均又再度上漲，其他各種商品價格上漲的趨勢，亦不亞於金融性的商品，例如台灣本地大量出產的食糖AT完稅品，每包從七千五百元漲到一萬六千，紅茶每百斤從八千五漲到一萬七千，金山一級麵粉每包從一千九百漲到二千八百元，報紙每磅從四五漲到七十，棉紗一件從十萬漲到二十四萬，生鐵每噸從一萬四千漲到三萬。比較去年十一月的物價，恰巧漲了二倍。

上漲的原因，當然是受著全中國的金融波動和經濟危機的刺激而來的，而台幣本身的缺陷也使它失去了「防波堤」的作用。一，是由於台幣的通貨膨脹，目前台灣財政上的赤字，是全靠台幣的發行來彌補的，稅收和公營事業的盈餘很有限，而且公營事業的投資也靠著台幣的發行，因此反而增加了台幣的發行量。二，如上所述，台幣的本身並沒有工商業作為基礎，如果台幣的工業能夠恢復，貿易能夠暢通，則台幣對法幣的匯率不致常處於不利的地位，但是台灣工商業為官僚資本掌握下的今天，這樣的遠景，是不可能實現的。

這次金價物價的波動實在太大了，直接造成台灣經濟上的空前恐慌。台灣省當局不得已宣布禁止黃金外鈔買賣，規定只由台灣銀行收購及兌換，收購的價格為每兩一萬一千五百元，並且迎合市場上法幣的需要，規定台幣兌換法幣為一比二十四，法幣兌換台幣為二十四元五角比一，由華南，商工兩銀行(台灣銀行的附屬銀行)承辦。次(十三)日並宣布管制物價新辦法，減縮台灣銀行放款，拋售公營物品，火車水電減價，進出口貨物由政府嚴格管制，並於即日實施。

事實上，這些辦法是不易見效的。金鈔的禁止買賣，雖能一時防止金價來刺激物價，但是物價上漲的根本問題，是不可能因此而根除。管制物價的新辦法，同樣的也只是紙上談兵，管制進出口貨物的結果，可能反招來台灣經濟更大的紊亂。因爲(一)，當局根本不能負起台灣全省的物品分配的責任，小小的台航公司和貿易局沒有這樣大的運輸力量和物品分配力量。(二)，在官僚資本控制下的公營物品，已開始隨著管制辦法而變相的漲價了，更安談其他呢？

原載上海《文匯報》，
一九四七年三月四日第五版

二·二八縱談

王思翔

一個外省人的反思

一九四七年「二·二八」事件，已過去四十多年了。近年來又漸漸成了熱門話題，在台灣島內外都出現了一些回憶和批評「二·二八」的文章或著作，至於在其他著述中涉及這一事件的就更多了。這是形勢所致，決非偶然。因爲台灣海峽兩岸以至於全世界的情況發生了明顯的變化，使得越來越多的人意識到一個重大的歷史性轉折關頭已迎面而至；人們爲了理解現在，把握未來，便自然地要認眞反思過去。而在現在台灣歷史上，「二·二八」無疑是一個極其重要的環節(且不說它迄今仍保持著深刻印象)。因此，它成了人們反思的熱點，就是必然的了。

但是，迄今爲止，從史學的角度來說，「二·二八」仍是一片榛棘叢生的處女地。今日反思者，不免會遇到許多問號，難於急切間予以解答。而對於認眞嚴肅的人來說，倘不弄淸歷史眞相，就難以作出合乎實際的判斷；那麼，反思也就無所依據，沒有意義了。因此，目前出現的反思潮流，必將推動人們努力去發掘、整理、研究和討論「二・二八」的歷史。這是可以預期的。但這工作又不是少數人在短時間內可以完成的。爲開墾這一片台灣史上的「處女地」，得讓各種各樣的有志者從各方面進行各自的工作。換句話說，要有充分民主的討論。

鄙人「有幸」親歷了「二・二八」，與台灣各界人士有過一些接觸。今雖事過境遷，昔日友人凋逝殆盡，鄙人亦由少壯轉入老境，仍願追隨後塵，略陳鄙見，以供反思者參考。

一九四五—一九四七

「二・二八」事件的爆發距離台灣光復只有一年多時間。可以說，數百萬台灣民眾歡呼光復的餘音在耳，轉眼間化作一陣「打阿山！」的怒吼！事情是這樣突兀，以致許多人難以理解前後兩事接踵而至的因由和關係。於是，便產生了兩種不同的判斷：一種是，既然台灣民眾熱忱地歡迎了來接收台灣的政府，忽然間又奮起反抗它，這是不應該發生也不可理解的事，一定是少數「共產黨分子」或「叛國者」製造出來的事端。這是台灣當局一貫的說法。按照這個說法，「二・二八」就沒有什麼歷史和現實的根源，無甚意義可言。另一種是既然台灣人在「二・二八」如此強烈地反對國民黨，那麼，政府的統治，一年前的歡慶豈非一場噩夢！「早知今日，何必當初？」更有進者，則把光復視爲虛幻、爲騙局。——兩種判斷各執一端，相互矛盾；但都是表面地孤立地觀察歷史現象，並用形式邏輯的「非此即彼」簡單公式來推理，因此作出了同樣錯誤的判斷。

歷史是一條長河。它時而逕直向前，時而迂迴曲折；或平和舒暢，或拗怒馳突；既有深潭於泊，也可以「奔流直下三千尺，疑是銀河落九天」。其變化多姿，似不受拘束，實則有其內部規律，與外部環境相迎拒而交織成一體，在無序中體現有序性，以偶然的形式載荷著必然的內涵。在台灣歷史上，一九四五年無疑是一個重要的關鍵：舊的歷史時期（「日據時期」）於此結束，新的歷史時期（不妨姑稱之爲「後日據時期」）剛才開始。在這重大轉折中，舊的秩序瓦解了，新的秩序尚須建立鞏固；而這牽涉到社會全體民眾和各方面的切身利益，勢必引起各種力量的矛盾、摩擦、抗爭、較量和重新組合，須經一段時間方能得到新的（或暫時的）均衡。因此我們可以把四十年代後期看成一個特定的過渡階段，或者是「後日據時期」的誕生階段。它的特點就在於動盪不安、複雜多變；但它又是歷史上常見的，不可避免的。明乎此，我們就不會因爲光復不久就發生「二・二八」事件而迷惑，反可以由此而把握這個歷史階段的特點。

在這個歷史階段中，第一件也是最重大的事情就是台灣光復。它打開了台灣歷史的新篇章，並且對以後的過程給予深刻影響。這是任何尊重事實的人無法否認的。我們研討「二・二八」，也只能由此開始。從一定的意義說，光復是因，「二・二八」是果。何以見得？略知台灣歷史的人都知道，至遲從第一次世界大戰以來，儘管台灣人民並不甘心日本殖民者的統治，卻一次也沒有發生過全島規模的武裝起義。非不爲也，是不能也，因爲那時候在台灣沒有這樣幹的條件。如果不是光復改變了整個情況，很難想像在一九四七年春天這一幕宏偉悲壯的戲劇有演出的機會。當然，以陳儀爲首的台灣當局，在促成「二•二八」方面也盡了一份力量。對此，我們亦不能忽視。

更重要的是，作爲一個重要的歷史事件，光復本身就包含著矛盾。第一，自一八九五年日本侵佔台灣之日起，台灣人民便與日本帝國主義者展開了堅決而持久的鬥爭，付出了幾十萬人的犧牲，奮鬥的目標就是回歸祖國。台灣人民的這一崇高願望受到了世界公正輿論和許多國家政府的尊重，二次大戰期間中、美、英、蘇四國政府簽署的《開羅宣言》、《波茨坦宣言》申明了這一事實。但是，台灣人民本應作爲勝利者(至少在台灣的範圍內)獲得的地位和權益受到了粗暴無理的侵犯，他們不但被剝奪了參與受降的權利，而且被視同戰敗國日本交還的俘虜——有時甚至被看做戰敗國臣民。這是非常不公平的，也是非常荒謬的。第二，從本世紀第二個十年開始，日本殖民政府在台灣從事工業和交通等建設已初具規模，到三十年代，工業產值超過了農業。儘管這一切都是服從於殖民者加強對台灣的掠奪的目的，帶著嚴重的不合理弊病，但畢竟衝擊了台灣原有的封建結構，引進了若干比較先進的設施、技術和文化。適應於這種新情況，台灣人民的民主運動就越來越加重民主要求的成分，二十年來蓬勃發展的工農運動便是它的新形式，但不久被日本殖民政府鎮壓而陷於停滯。「光復」一詞，本義即是恢復或收復。將台灣從日本佔領下收回，這是沒有可爭議的，事實上也很迅速而且圓滿地完成了。但是「恢復」什麼呢？不用說恢復日據前的舊貌已經不可能，連三十年代初日據下的「穩定」「繁榮」狀態也早已被歷史所唾棄;站在普通百姓的立場上來說,亟待恢復也理應恢復的是以前被異族統治所剝奪的、在自己國土上自由生活當家作主的權利,和先輩們爲爭取自由民主而奮鬥的傳統。而如上文所指出,恰恰在這裡,光復本身是殘缺的,尚有待於努力爭取方能完成。

這些矛盾在光復當時被強烈的民族感情所掩蓋,但不久就漸漸暴露了出來。從一九四六年開始,台灣各界的活動家越來越強烈地要求實行地方自治,獲得參政的權利,希望用這種民主的方式來抵制國民黨政府的專制獨裁,反對它的貪污敗腐,改變它的某些政策和措施。這種要求,從性質上說是十分溫和的,帶有濃厚的西方的民主氣氛。(同當時大陸各省內戰方酣的情況相比較,更顯得特出。這反應台灣脫離祖國五十年之久,形成了地方的特色。)但連這樣溫和的民主要求,都得不到滿足,因而「二·二八」就是不可避免的了。我們現在回過頭來看,一九四五年冬台灣民眾如此大規模的歡慶光復活動,在全中國也是非常獨特的。排開其他因素不說,這獨特性表明台灣民眾已擺脫自然經濟下農民所固有的冷漠和封閉愚昧狀態,具有現代市民的自主意識。從這個角度來看,自發的大規模慶祝活動也是一場群眾示威運動,向新的執政者表示民眾不可能接受封建專制,也不會對他們的基本權益持漠不關心的態度。那麼,在這第一次示威運動未達目的之後,又爆發第二次更猛烈的衝擊——「二·二八」,就是不足爲奇的了。當然,第二次就不是第一次的簡單重複,猶如戲劇第二幕的劇情已有了發展,人物的言行也隨之開展;但主題仍舊,一直到三月七日「處理委員會」最後通過提出的要求，基本上還在民主自治範圍以內；而且保持了一貫的風格，自發的廣泛的群眾運動在受到血腥鎮壓之後才部分地轉入武裝戰鬥。

任何事物都有它的來龍去脈，和周圍的許多事物發生著各種關係，只有基本上弄清這些情況，才能夠得到比較正確的認識。對於「二·二八」，我們也應採取這個辦法，把它放在四十年代後期台灣的歷史背景上加以考察，並且把它和當時最重要的歷史事件——光復聯繫起來。這樣，我們就可以澄清各種誤會和妄斷，透過各種詭異的表象，得出一個可能是比較合乎客觀實際的認識：「二·二八」是台灣廣大民眾在推翻異族的殖民統治、回歸祖國之後，爲維護自己應該享受的基本民主權利而進行的鬥爭受到阻撓，才激發爲群眾性行動；這種行動是正義的，並且是合理的。這次運動雖以失敗而告終，但它在台灣歷史上是留下了不滅的光輝；它所提出的實行地方民主自治的要求，將成爲後人繼續奮鬥的目標，並將最終在台灣實現。

二、從台灣到大陸

我們還應該把台灣問題放置在全中國之下進行研究探討。因爲從光復之日起，台灣便成了中國的一省，受中國政府的管轄，所以，任何企圖阻撓或防止海峽兩岸的聯繫都是不現實的。關係台灣的命運最爲嚴重者，莫過於由中國大陸來接管的以陳儀爲首的台灣行政長官公署了(它就是「二·二八」時廣大群眾鬥爭的對象)。它在台灣推行國民黨中央政府的政策,而這個政府因其獨裁腐朽受全國人民反對,早已病入膏肓,行將就木。本來在四十年代後期的台灣,存在著不少複雜的問題,如改造日據時代的不合理經濟結構,醫治戰爭的破壞創傷,重建民主的政治、經濟、文化等等,都需要付出艱辛的勞動;而國民黨當局除受降外,不可能做出什麼好事來,反而以其一貫的專制、腐敗、顢頇給台灣製造許多新的麻煩和災難。這就是當代中國歷史形成的大勢所趨,倒不完全歸罪於來台的官吏們存心作惡;如果說台灣當局採取某些類似於日本殖民政府的特殊政策、政令,招致台灣民眾的反對,這也不能算是根本性的癥結所在,因爲這些特殊東西原是它不斷變換的手段而已,如其不然,何以它在大陸各省早就被人民所痛恨呢?台灣各界民眾因爲幾十年來離開祖國,所以在光復的時候對國內狀況知之甚少,錯把國民黨政府當作中國人民的眞正代表來歡迎;到了「二・二八」時,終於根本上看清了它的眞面目,因此才奮起參與了全國人民反對國民黨統治的行列。這絲毫沒有什麼奇怪,如果說國民黨一到台灣就能脫胎換骨、立地成佛,或者說台灣民眾竟會長期容忍國民黨當局的倒行逆施,倒眞不可思議了。國民黨當局責罵台灣民眾在「二・二八」時「排外」、「叛國」,按它那個「朕即國家」的邏輯也許說得通;但在人民的立場上來看則完全相反:台灣民眾離開國民黨愈遠,就愈接近大陸各省同胞並與之融成了一體。祖國只有一個,而且政府是可以選擇和罷免的。怎麼能容許人誣衊台灣人民熱愛祖國的赤誠呢?

國民黨當局又把「二・二八」的起因推到共產黨身上,這也是它的慣技。長久以來,它總把一切反對它的人、一切它不喜歡的人，都一律加上「共產黨」的罪名。如果照它的特殊詞典來理解。以四十年代後期的情形來說，它在大陸各省的統治已四面楚歌、朝不保夕。這種「楚歌」當漸會傳過海峽來，使台灣民心為之鼓動，也使許多原來跟著國民黨跑的人重新考慮自己應走的路。台灣當局曾用盡心機打擊和防範「共產黨」，封鎖大陸各省的訊息和自由言論；但是愈來愈多主張民主要求進步的人，正直明理的人，以至於國民黨內部有識者，起來反對它的反民主措施，而寄同情於台灣民眾。現在我們可以說，「二・二八」的直接參加者雖限於台籍民眾，但在省內外以各種方式給予支持、援助的「共產黨」却不限於本省人，至於共產黨領導的軍隊「調」走了駐在台灣的國民黨軍所起的作用，更不待說了。由此可見，到「二・二八」時，儘管當局在挑撥和製造省籍之間的矛盾，這界限已被衝破，起不了多大作用。

固然，事變初起時在台北發生過「打阿山」的事情，但這只是少數群眾偶發之舉，很快就得到了制止。以鄙人親歷與見聞所及來說，許多外省人包括文化人和職員，都受到了很好的保護。凡是起義組織控制的地區，秩序井然。只有到了國民黨大軍入境之後，才迫使大批外省人倉皇而逃；還有不少被誣為「共產黨」或別的罪名，和那些著名的台灣民主戰士們、「二・二八」各地活動分子，一同遭殺害，直到一九四八年二月，連德高望重的許壽裳老教授也死於非命。有朝一日為台灣「二・二八」烈士建立紀念館，我相信台灣同胞絕不會忘記這些外省人。那麼，今天的反思，更不應忽略這些事了。

一九八九年五月於安徽合肥

〈台灣二月革命記〉重版附記

王思翔

這本小册子寫於一九四七年四五月間。當時「二・二八」起義已被鎭壓下去，許多民眾運動的領導人和參加者以無辜平民或被殺害或被捕入獄，白色恐怖統治了台灣。我於三月底逃歸浙南故鄉時，偷帶了一些報刊資料，寫了這本小册子的初稿，題爲《台變目擊記》，意圖把台灣事件的來龍去脈眞實地告訴全國和世界的人們，以澄淸因國民黨官方謠言惑眾所造成的混淆輿論，給予台灣同胞的正義行動應有的評價和支援。但這份初稿一直無法公開發表，直到大陸解放後的一九五〇年，才以《台灣二月革命記》爲書名初次出版。

事過四十餘年，回頭來看這本小册子，對它的缺點和謬誤之處就洞若觀火了。造成這些缺點和謬誤之處的原因也是容易理解的：從主觀上說，當時我不過是個二十幾歲的年輕記者，學識淺薄，而且在台灣的時間很短、見聞有限，故不免以蠡測海、掛一漏萬；據以評論人物事件，就難免毫釐千里之誤了。但也有客觀上的困難，主要是我所帶出的資料數量極有限，一離開後就與台灣完全隔絕，所以許多事情都無法深究，更沒有可能加以核實；而歷史以及其中的許多人事，都處於不斷發展、變化、流動之中，必須從更大的時空範圍內加以觀察研究，方能去僞存眞，得其眞髓——這樣的條件在我寫此稿時是不可能有的，我也不能等待到若干年後再寫它。

現在的台灣學者終於可以公開研究「二·二八」這一個重要的歷史課題了。熱心的出版家在整理出版有關資料時沒有忘記這本小冊子(雖然它已絕版四十年)。我相信，讀者們會用歷史的眼光來看待這本產生於特定歷史時期的小書。不管怎麼說，它反映了四十多年前一些人對「二·二八」、以及通過這個視角對台灣歷史和現狀及前途的認識、思考和態度;它的得失成敗都不是偶然而來的，多少有値得後人研究和思索的地方。

這次在台灣重版，根據一九五〇年二月上海動力社初版本，未作修改。〈序〉和〈緒論〉二篇寫於初版時，同年再版本中抽掉了〈緒論〉(又附錄了幾篇有關文件)。這次恢復初版本舊貌，意在讓讀者更淸楚地了解我當年的思想精神狀態;而這有助了對這本小冊子的考察和評判。從前俄國流行一句俗語，說「用筆寫下的，斧頭也砍不掉」。儘管我已到了老年，對自己年輕時用筆寫下的東西並不很滿意或很不滿意，卻不想搬起斧頭去砍那些砍不掉的東西了。

一九九四年四月於合肥

台灣二月革命記

王思翔

序

1

一九五〇年中國人民第一個嚴重的任務是：解放台灣！爲爭取中國人民解放戰爭的全面勝利而解放台灣！

中國人民解放戰爭，將在台灣完成全面的勝利；在中國人民的全面勝利當中，台灣人民的長期鬥爭，也將第一次獲得勝利。

勝利的日子就要到了。謹將此書獻給——

爲解放台灣而鬥爭的全國人民；和

在台灣人民鬥爭史中殉難的烈士。

2

台灣是中國的一部分，台灣人民是中國民族的優秀子孫。歷史告訴我們：從晉代開始，尤其是明末，沿海各省——也有遠自中原來的人民，爲了反抗封建壓迫和異族（當時的異族爲元代的蒙古和清代的滿族）壓迫，別離鄉土，不畏風浪險阻，逃入荒島台灣；然後又以英勇的拓荒精神，披荆斬棘，克服一切困難，建立起新的世界。他們在台灣，戰勝了荷蘭侵略者，又與滿清展開長期的鬥爭。在滿清官方的文書和史册中充滿著對台灣人民的呵斥、詬詈和歎息，那正是說明：台灣人民富有鬥爭的優秀傳統，不可制服。

一八九五年，台灣被日本帝國主義佔領了，被強制從中國分割開來，成爲日帝的殖民地達半個世紀之久。這正是近代中國殖民地化不平衡發展的一環。從十九世紀四十年代到一九四五年抗日戰爭勝利結束前夕，中國殖民地化發展，呈現出尖銳的不平衡性；一方面是如台灣、東北、華北以及其他被佔領區的先後淪爲殖民地，一方面是多數帝國主義的角逐和劃分「勢力範圍」；——但是全面的考察，各個地方的特點卻正構成舊中國的基本特性，卽殖民地、半殖民地、半封建社會。

基於這個統一性的基本特點，各個地方人民革命鬥爭，儘管依地方具體特點呈現出若干獨特風貌，卻只有一個方向——反帝反封建的方向，只有一個勝利——全國的勝利。從台灣五十年來的反日民族革命運動史看來，正足以說明這一點。在日帝開始侵略台灣時，台灣人民為了反抗侵略，在中國反帝民族革命史上展開空前英勇壯烈的鬥爭；其後，台灣人民的反日民族鬥爭，雖根據具體條件不能與全國人民革命鬥爭和協同，實際上，中國大陸的革命運動每推進一步，均給予台灣人民以嚴重刺激。如二十年代開始的台灣文化啓蒙運動和工農運動以及台共的成立，「五四」運動與中共的成立以及一九二五——二七大革命的影響是具有決定性作用的。在歷史上，曾經數度出現這樣的局面，即台灣人民革命運動處於全中國人民革命運動的前列地位，如在明末反淸統治與初期抗日鬥爭等，但是沒有全國一致的勝利，台灣人民的鬥爭就不可能單獨獲勝；至於目前台灣的解放，更為明白。反過來說，只有全國人民的抗日勝利，全國——包括台灣在內，才能解除日帝的侵略；也只有全國人民解放戰爭的勝利，全國——包括台灣在內，才能從帝國主義、封建主義的壓迫下最後完全的解放。

三百多年來，台灣人民始終把革命鬥爭的方向，和全國的方向結合為一，使台灣成為中國的有機體的一部分。

當然，在統一性的基礎上不可否認，作為個別地區看，台灣迄今為止，還有其具體的特點。我們要承受中國的不平衡發展的結果，根據具體條件，來進行新中國的建設；因此，我們的任務，不是抹煞個別的特點，而是正視這些，並在客觀基礎上進行我們的工作。關於這個問題，我打算另作專文討論，這裏只說一說人民革命運動的不平衡性。

在全國範圍內觀察台灣的具體情況，可以說：現代中國革命的不平衡發展給予了台灣人民革命運動以落後性質。

上面說過，在歷史上，台灣人民革命曾經處於全中國人民革命運動的前列地位；但從二十世紀開始，台灣人民便受到日本帝國主義最凶惡最嚴重的壓迫，尤其從三十年代起的十數年間，人民的鬥爭遭到了毀滅性的鎮壓，始終無法突破阻礙。在這半個世紀中，尤其從二十年代中國共產黨成立以後，中國人民革命力量日夜增漲，有了鞏固的革命組織，有了強大的革命武裝，有了正確的革命領導——毛澤東思想，在長期鬥爭中鍛鍊成爲堅強無比的力量，並在抗日戰爭中，在大陸上取得相對的勝利。這樣，殖民地化不平衡發展遂構成了革命運動的不平衡發展：在半個世紀中，台灣人民在長期的革命運動中，雖然表現了壯烈無比的鬥爭精神，但由於日帝的摧殘，不能不由前列地位而降到落後地位——無論是革命的規模，更表現於革命的性質。

國民黨反動派是知道這個情況的。他們在接收台灣時，曾不止一次對於台灣人民革命運動的落後形態喜形於色，他們說，「台灣沒有共產黨，沒有內戰」，因此台灣是「三民主義(請讀作賣國獨裁主義)的苗圃」；他們存心維持並利用這種事實，把他們——買辦官僚統治階級的階級壓迫的幽靈裝在日帝留下的民族壓迫的軀殼中。因此，造成了「二・二八」事變，招致了全民的反對。對國民黨反動派來說，這是自食其果；但也著實阻礙了台灣人民的革命鬥爭，如所週知，在這一次革命鬥爭中，勞動人民受到了混在「全民」內部的地主資產階級的嚴重破壞。而由於：一方面是勞動人民接受了「二・二八」的教訓，一方面國民黨反動派的「改弦更張」，台灣社會本身的階級對立形態加速發展，——因此，以「二・二八」爲轉捩點，才在基本上最後地結束了台灣人民革命運動的「全民」

性質，即落後性。

三年來，作爲中國人民民主革命有機構成之一部，台灣人民革命運動每日每時地高漲著。雖然這三年間台灣人民遭到了全國性的反動派的更殘暴的鎮壓，但已經造成了這樣的條件：一旦以全國人民的力量解放台灣時，台灣人民將以高度發展的革命力量，來迎接新的勝利。

如果說，三百年來，台灣人民始終和全國人民朝著一個方向前進；那麼，今天，人民的勝利第一次徹底破除帝國主義與封建主義造成的中國支離破碎的局面，而形成空前的統一，這種新的情勢，就必然徹底掃除在台灣個別地區被單獨隔離五十年來的不平衡性——在人民革命事業上。

3

這是認識台灣問題的基礎。不理解這一點，就無法理解台灣的近代史，自然更無法理解「二・二八」這樣複雜多姿的偉大事件。這樣的問題是很容易發生的：

比方，既然「二・二八」是一個「全民」性的，以「民族自決」的形式爆發出來的革命運動，那麼，莫非當時台灣仍然處於殖民地地位？

國民黨反動派在台灣，繼承了日帝的殖民政策，企圖(也做到了一些)使台灣人民仍舊處於殖民地奴隸的地位，並且製造了人爲的「民族」壓迫現象；但是，這只是國民黨反動派的統治台灣的手段，和其主觀願望，他們利用了日帝的殖民秩序，只是武裝他的階級壓迫和掠奪。在這裏，是階級對立，買辦官僚統治階級與廣大人民的對立，而不是民族對立。我們知道，階級對立決不能構成殖民地。而三年來，台灣社會階級對立形態的發展，已經使土著的大地主、大資產階級和國民黨反動派的勾結進入到水乳交融的局面，這便是顯而易見的事實。

又比方說：既然台灣並非殖民地，並無民族對立，而且台灣人民的革命對象正是全國人民革命的同一對象，那麼爲什麼「二・二八」又具有較落後的性質？

我們知道：決定著革命行動的，不僅僅是少數的先進者，而主要的是群眾。在這裡，主要的問題不僅僅在於打倒誰的問題，而且還關係到怎樣去打倒誰的問題。

現階段中國人民民主革命，是在共產黨領導下，以武裝的工人、農民階級爲主力的革命。而在當時台灣，共產黨的領導力量是比較薄弱的，工人、農民階級的覺悟也比較的低下，還沒有能在革命運動中佔據領導地位；而土著資產階級(甚至中小地主階級)，也還未把他們的革命性能在革命史上消耗淨盡。這樣，遂賦予「二・二八」的落後性。

但是，革命鬥爭是鍛鍊群眾、組織群眾的最有效的方法。革命每時每刻推動群眾作忘我的鬥爭，就像烈火燒著鐵塊一樣，去掉鐵銹和渣滓，煉出精粹的鋼來。在這個意義上，二月革命的劇烈鬥爭怎樣推動台灣人民革命力量的急速高度發展，是十分明白的。

美帝侵略者和國內反動派，竭力歪曲「二・二八」事變的獨特風格，加以渲染，說這是台灣的

「特殊性」，當然不值一駁。而也有些人，見樹不見林，以爲這種獨特風貌將是什麼永遠不變的東西，好像台灣問題之中眞有些不可捉摸的神祕處。這是完全脫離人民、違反人民的觀點。人民大眾——以工農階級爲主體的人民大眾，從無什麼神祕之處，亦無什麼「特殊性」，他們的要求很簡單，只是自由、民主和生活的豐足，事實已經完全明白：台灣人民的這種要求和全國人民的要求是完全一致的，實現這種要求的方法也是完全一致的。要是說什麼「特殊性」，只能存在於反動派間，因爲他們的市價常常要根據「特殊性」來各別決定，他們也有各個不同的「特殊」的賣國方法。而表現於二月革命的獨特風貌，在革命進程中卽已開始急速轉變。在激烈的血的鬥爭中，群眾每一小時的進步要比關在書房中的學究一輩子的進步大得多，三年來，台灣人民革命運動中的落後因素早已剝蝕殆盡，無待杞人憂天了。

在這個時代——人民革命已經取得全國規模的決定性的勝利，在革命的基本問題上，各個地區的地方性已經完全消失。解放台灣，從而建設台灣，都不止是台灣人民的事，而是全國人民的事。不理解人民的偉大力量，就永遠不能接觸革命這樣偉大的命題。

4

本書根據上述觀點編寫而成。

我於一九四六年春到台灣，在台灣住了一年。二月革命的獨特風貌使我不得不居於「局外人」

的地位，雖然這樣，並沒有減輕國民黨反動派對我的迫害，只得漂海十五晝夜，逃出台灣。在我逃走以前，一位台灣摯友叮嚀道：「把台灣的事情告訴全國人民吧！」爲了完成這個任務，我於逃離台灣時遂祕密攜出一部分事變中的原始資料，開始寫作；但是我的作品流轉了好多地方，終於不得發表。一直到兩年後，卽去年夏天，浙江解放後，我才翻出底稿，重加整理，並加寫「緒論」，編輯成書；又根據新的資料，加上若干註釋。

由於旅台時間不久，離台匆促，加以在革命鬥爭中居於「局外人」地位，使我的資料感覺到十分貧乏。所以本書只能作一個簡略的記敍，至於完整的史籍，只好俟諸他日。

同時，到今天爲止，關於台灣史的整理，關於台灣社會問題的論述，認眞的說來還沒有開始，因而大大的增加了本書編寫上的困難。在編寫中，我曾一再易稿，一再自我批判，力求能使本書在基本問題上不犯錯誤，但能做到幾分，還成問題。在本書的論述部分，只以個人見解，大膽提出，以爲引玉之磚。

現在，解放台灣已提到日程上來了。對於台灣——人民共和國神聖領土的一環，必須好好的去理解，去研究，而二月革命正是最重要的一頁。因此，我把本書獻於讀者之前，希望能夠對於關心台灣者有些小幫助。

竭誠地等待著讀者們、歷史科學先進們、尤其是台灣二月革命參與者和經歷者的指正！

一九五〇年一月，上海

緒論

論二月革命諸特點

台灣二月革命，從「二・二八」事變到人民軍退出埔里，只經過半個月左右的時間。但二月革命是值得重視的歷史之一頁。值得重視的理由：第一是，它繼承並發揚了台灣人民三百年來的革命傳統，尤其是近五十年來的反日本帝國主義異民族統治的鬥爭傳統；並進而結束了三百年來舊的革命史，把民族運動的傳統與全中國人民解放運動——新民主主義革命結合起來，開闢了新的鬥爭的道路，展開了台灣史的新頁。第二，在當時，一九四七年二月，正是中國人民解放戰爭第一年度的下半年，這時候，蔣介石匪幫正挾其優勢兵力，傾巢進犯解放區；而國統區廣大人民起義還處在艱苦的階段。台灣人民歷時半月的武裝起義，不僅實際上扯了蔣匪軍的後腿——迫使反動派不得不從蘇魯戰場上抽出兩個整師來，削弱了反動派的凶燄，並且以其英勇鬥爭的範例，大大地鼓舞了前線與敵後的人民鬥爭。

但是，兩年多的時間過去了，在歷史科學的領域上，關於這一革命，還是一個空白。我們還沒有把這一系列史實適當地擺到應有的地位上，加以條理的分析。因此在許多人的理解中，由於歷時僅半月，而進程當中革命與反革命鬥爭的錯雜變幻，以及對於台灣社會的基本特點的不明，二月革命遂成爲一個謎樣的傳奇，甚至發生反科學的誇大或歪曲。

首先必須嚴重指明：二月革命是在舊的基礎上——即**民族自決的基礎上出發的**。

這是一個糾纏的問題：爲什麼是在民族自決的基礎上出發的呢？難道「台灣民族」眞和中國民族不同，這中間存在著「民族問題」嗎？否則，豈非台灣人民眞的如美帝侵略者及其走狗所說的要求「獨立」或「托管」嗎？有些人是希望得出這樣的結論的，（國民黨反動派曾經爲了找尋屠殺的藉口，誣台灣人民「叛國」；而更盛行的則爲美帝及其奴才，如所謂「托管派」或「再解放聯盟」分子廖文毅之流，他們幻想出一個「民族問題」，又把台灣當做了一般的前敵國殖民地——而非中國領土來處理，以便美帝直接控制。）事實否定了它們。

台灣，除了爲數不到二十萬的高山族外（這不到二十萬的高山族在台灣反日革命運動中，始終和漢民族一起鬥爭著），六百餘萬人民都是閩粵移民的後裔。他們的祖先開闢了台灣，受盡艱辛；然後又在五十年間經歷了日本帝國主義的異族統治。他們是有光榮傳統的優秀的中國人民，他們曾在五十年的反日鬥爭中充分的發揮了愛國精神。光復以來，全台灣人民都以重歸祖國爲榮；而且和全國人民同樣遭受著國民黨反動統治的壓迫。民族問題在本質上已經隨日帝的被驅逐而消滅，現在，台灣人民是**處於階級壓迫**（體現於國民黨政權的大地主和買辦資產階級對人民大眾的壓迫）**而非處於民族壓迫之下**。

但是，國民黨反動派的「政府」，在台灣接替了日帝的殖民地位，——爲了便利推行其反人民政策，他們把日帝的殖民手段直接承受過來，殖民統治政策爲國民黨反動派所借屍還魂，而被強加於台灣人民身上。國民黨反動派把巨大的災難帶給台灣：在他們的統治下，工農勞動階級受到了更加殘酷的剝削，市民層的生活受到了省外來的商業資本的災害，土著資本受到了四大家族官僚壟斷資本的壓迫，——反動派的經濟獨佔與超經濟掠奪，使廣大人民和「政府」的對立處於尖銳化地位；而所有的台灣人民，又一律遭遇到政治上的歧視。同時，剛從殖民地解放出來的台灣社會，階級矛盾還處於不發展的狀態，而其中早先曾因與日帝合作而發展起來的極少數大地主大資產階級，則由於時間的短促，在此前，雖已有相當的新發展，但大部分尚未來得及與新的統治者——國民黨「政府」密切地勾結起來。

壓迫從何處來，反抗的鐵拳向何處去。既然國民黨「政府」是攫取了中國人民勝利之果實來接收日帝的殖民地，全盤承受了日帝統治台灣的政治遺產，而在人爲的「民族」壓迫的基礎上建立起它的政權；既然這個政權是假借日帝的民族壓迫手段來遂行壓迫與掠奪人民的政策，把它們的災害從久經荼毒的中國大陸帶到台灣來；那麼，台灣人民的反國民黨統治，採取著民族自決的形式倒是合理而必然的。既然台灣人民有著五十年來豐富的反日運動的歷史，爲什麼不反抗日帝的衣缽傳人——國民黨反動派呢？

鬥爭的藝術，是長久的實踐過程中累積起來的，也只有從實踐過程中才得累積起來。而群眾，尤其在自發性運動中，總是根據著自己的經驗行動。二月革命開始，群眾的自發性的暴動，就以殖民地反宗主國的民族運動的形式，把五十年來反日鬥爭的經驗發揮出來。以覺悟的市民層與青年學生爲骨幹，土著資本家、中小地主以及代表他們利益的地方政治活動家，參與了鬥爭；而且後者成爲初期的領導力量。他們的要求集中在地方自治、參政權的平等，與反對國民黨「中央」的掠奪和官僚資本的壟斷。正是在這個基礎上，各個階級團結爲廣泛的「民族的」統一陣線，賦予運動以全民性質；帶著排外①的「民族」仇恨的激情的市民暴動，發揮出巨大的力量，像狂風烈雨似地，襲擊國民黨的反動政權。

歷史總是把自身的發展規律，通過社會的特定條件發揮出來。在當時的台灣，既然有了那麼些特點，二月革命就自然地呈現出其**獨特的風貌**。

而歷史又永遠循著其發展規律前進。因此——

第二個嚴重的事實：二月革命雖然以「民族自決」爲起點，但它是發生於一九四七年的中國的一省中，全國規模的人民解放戰爭——新民主主義革命正在積極推進；因此，從具體事件來說，二月革命就**不能不**由低級形態的「民族」運動**迅速地歸結到、提高到全國的新民主主義革命的總的潮流中來**。

推動革命向高級形態轉變的力量，不僅僅在於台灣人民與全中國人民有著共同的敵人這一點上，而主要在於：一方面，台灣在光復後，既已由日帝的殖民地轉變爲中國的一省，台灣人民的命運已和全中國其他地方人民血肉相連成爲一體，在實質上，**民族問題已不存在**，因此，國民黨「政府」的統治雖然依據著民族壓迫的形式，從而發生台灣人民全民性的革命鬥爭，但這種「民族」的鬥爭，已失去實在的內容；在新民主革命時期的中國，任何場合任何形式的反國民黨行動，事實上已是新民主主義革命的一部分，只有服從總的領導匯成一體，才有勝利的可能。另一方面，在現世界範圍內階級鬥爭全面發展的事實，早已決定一切民族鬥爭的無產階級革命性質，在台灣，由於「民族」壓迫的虛幻，更其確切決定「全民性」鬥爭的立即破裂的命運，不得不立即讓位於**以無產階級爲領導的人民民主革命**，這中間並無別的途徑。台灣人民革命或則成爲無的放矢，中途夭折；或則以新民主主義爲內容，堅持下去，在中國人民的全面勝利中取得勝利。

由「民族」主義轉到新民主主義的鬥爭，正是二月革命史中最突出的一點。

作爲歷史的轉捩點，二月革命在短短的半個月中，貫穿著劇烈的**階級鬥爭**。這種鬥爭，在各個地區，隨著革命形勢的不平衡發展而進行。

當各地市民暴動開始，迅速地打擊了並在若干地區摧毀了國民黨反動政權的時候，代表著土著資產階級、地主階級的領導者，立即開始了對統治者的妥協，以人民起義的初步勝利爲資本，藉以進行政治分贓的談判；並且開始反過臉來抑制人民鬥爭的進一步發展。

地主階級的反動性是十分明白的，他們之所以暫時的同情甚或參加革命，只要求在政治上和經濟上略微改善自己的地位。他們不要推翻國民黨的統治，因爲這個政權在本質上是保障地主階級利益的政權；他們原來只希望通過談判，使自己擠入統治機構中去，俾便加強自己的剝削地位。

而**土著資產階級**，在日帝五十年的獨佔經濟壓迫下，原來不能發展成爲強大有力的階級，他們雖然痛惡以四大家族爲首的官僚資本的獨佔，主觀上排斥這個代表官僚資本的「政府」，要求政治平等以保障經濟的自由；但他們既沒有足夠的力量可以驅逐之以自代，當然更談不到什麼資產階級革命的青春期理想了。因此，他們雖然用力領導了市民起義，但一方面，是國民黨統治者的威脅利誘，另一方面，人民革命力量續高漲超越了舊式的「民族自決」的範圍，尤其是勞動群衆的武裝鬥爭，給出了威脅他們的既得利益的陰影。這樣，就一步一步地由革命墮落到反革命：和地主階級一起，向國民黨反動「政府」索價出賣，成爲主要工作；由向革命派爭取領導權到約制人民力量發展，到陰謀削弱人民武裝，以至於最後公開投降、破壞革命。由「民族」主義改良主義，到取消主義卽投降主義。

在土著資產階級、地主階級旁邊，還有一批小資產階級的市民領袖，怯弱的、幻想的「自由主義」者。群衆運動把他們帶進了革命的高潮。但他們首先不能理解革命的長期性與艱苦性，誇大了初步勝利的意義，幻想廉價的自治，自我陶醉，麻痹鬥爭意識，同時，由於不理解群衆力量，更不能依靠群衆力量，因而一遇挫折，就由倖勝幻想中猛跌在失敗主義的池沼裏。在鬥爭進程中，他們時時刻刻企圖妥協，企圖閹割人民民主的進步性，而把革命引到「阻力最小的路線上」去；他們在實際上也反對武裝鬥爭，或者在武裝鬥爭中隨時退卻下來。

但**以謝雪紅爲首的優秀的台灣人民**，堅決的**進行武裝鬥爭**。他們撇開了代表資產階級和地主階級的領導者的妥協、叛賣政策，舉起了「反帝反封建」「實行民主政治」的大旗；以堅決的鬥爭來把革命提高到結合全中國人民鬥爭主流卽新民主主義革命的水平上來。

鬥爭在兩條戰線上同時進行：一邊，革命派得打擊妥協、投降主義，堅持領導權，把廣大人民團結在爲實現新民主主義而進行的武裝鬥爭中；同時，得粉碎反動「政府」的軍事攻勢，有的地區是肅清殘餘反動軍隊。無疑的，這鬥爭是十分艱巨的事業；而且，當這個鬥爭正向上發展的開端，革命人民在武裝鬥爭中遭到了挫敗。

然而，經過了這一次鬥爭，**舊的台灣史已經結束**。台灣人民的反宗主國的民族自決的鬥爭，**已經完全成爲歷史陳蹟**，由落後社會產生的一切非馬列主義和反馬列主義的思想和方法，在基本上已被革命的風暴和反革命血腥政策②以及國民黨反動派進一步的暴戾統治所廓清；——而**爲**新民主主義革命**所代替**。在革命失敗後，革命領袖和數以千計的進步青年，渡過海峽投奔解放區，直接參加了全國人民解放鬥爭的隊伍，這又標誌著：台灣人民的**孤立鬥爭的時代已經過去了**，台灣海峽的阻隔已經基本上消失了！

第三個嚴重的事實：二月革命迅速地失敗了，**在全國人民逐步勝利的情勢下失敗了**。

當時的革命派——以謝雪紅爲首的人民領導者，一開始就全力支持市民起義，支持爭取「自治」的要求，這個策略是正確的。既然當時台灣存在著人爲的「民族」壓迫的客觀現實，既然台灣人民運用「民族自決」的形式自發地起來鬥爭了，那麼只有在這個基礎上加以擴大和提高：在「爭取自治」的運動中打擊國民黨反動派的假借殖民手段的統治，是台灣人民民主革命運動合法則性的起點。

決定性的問題只在於：怎樣**發動工農勞動者**，並根據新的條件組織**民主**統一戰線，爲實踐人民民主進行堅決的徹底的鬥爭？顯然的，對於憑恃武力的、狡猾的、徹頭徹尾反革命的國民黨政權，妥協是不可能的，改良的路是沒有的，只有堅決進行武裝鬥爭，徹底推翻國民黨反動派的政權。因此，在轉變「民族」運動到民主革命的進程當中，**最主要的突出的問題**是武裝鬥爭**的問題**，是：**獨立地組織並發展以**工農勞動者爲主體的人民武裝，領導並聯合各個革命階級從事武裝鬥爭。

在台灣六百餘萬人口中，**工人**在一百萬以上；**農民**約佔四百萬。在國民黨「政府」的統治下，工廠關門，農業歉收，經濟與超經濟的剝削，使工農群眾生活益發下降；因此，在當時的民主革命中，**工**、**農階級**的要求革命是十分堅決的，其內在的革命力量是非常豐富的，——其中部分參加武裝鬥爭者，正處處表現出工農階級的堅決的鬥爭精神。但是，由於長期置身於日帝強力統治之下，一切合法的與非法的、政治的與經濟的鬥爭，在輓近十五年中幾乎不可能，因而台灣的工農階級到此際還不能解除歷史性的束縛，不能脫離幼稚階段成長起來：面臨著鬥爭的高潮，他們還沒有堅固有力的組織，缺乏階級的鬥爭經驗和從而得出的領袖。

這一事實，使失卻群眾運動基礎的**革命政黨**，在經常地直接遭受日帝的毀滅性的摧殘下，不可能發展。而由於光復，急速地改變了台灣社會的本質，不是以本身的力量而以外來的力量，把台灣由日帝的殖民地變爲半封建半殖民地、人民反帝反封建革命鬥爭高漲的中國之一部分，這一急速的外爍的變化，把台灣革命陣營驟然地投入於新的更高級的鬥爭中，更其暴露出其主觀的弱點。

由市民暴動開始，各地青年學生的參加，把自發性的起義推進了一大步。(人民武裝以廣大學生爲主體，加上覺悟的市民層——其中一部分是流氓無產階級和失業軍人，這正足以說明台灣社會嚴重的殖民地性。)革命政權，比如說，在中部依靠這種武裝力量建立起來。當時的緊急情況，要求著革命領袖以重大的努力領導武裝鬥爭，這是完全可以理解的。也唯其如此，才要求全力發動佔人口半數以上的工農階級：必須首先發動各城市——尤其高雄、嘉義這樣的工業城市以及各工業據點的工人階級，鼓動並組織他們來反對妥協，獨立地進行武裝鬥爭，以打毀國民黨反動派的軍事、政治機構以至毀滅其生產機構；必須普遍發動鄉村——尤其中南部的鄉村農民，組織鄉村的武裝力量，以支持武裝的持久鬥爭，挖除反動派統治勢力的根基——封建殘餘。必須打破殖民地民族革命的殭死了的軀殼，把革命直接放置於以工農階級爲主體的人民民主統一戰線中；堅決爲實踐工農階級的利益而鬥爭，以打開群眾的落後束縛，發揮他們的偉大力量並依靠這力量來堅持鬥爭。

但是事實上，一方面，領導權落到妥協派手中，勝利的果實爲他們所攫取後，武裝鬥爭遂被扼殺，起義的學生和市民成了犧牲品；另一方面，普遍存在著單純的軍事觀點，軍事爭奪代替了革命的全部工作。

在不平衡的發展中，人民力量在台中獲得了較大的成就。革命陣線的領導層曾提出發動農民、組織農民的號召，並且派人到附近各鄉鎮展開工作。這個工作，表現了革命陣線的正確領導；而且，這時，已經取得了初步的收穫，開始把各鄉鎮的覺悟群眾吸引到革命的高潮中來，組成了各鄉鎮的人民武裝。但是，這工作仍然沒有做好。革命陣線的領導分子中的**右傾觀念**，不能不算是主要原因之一。舉例來說：在人民起義初步勝利時，不能展開新的攻勢，乃將維持治安當作主要工作；當代表地主和資產階級的投降派開始叛棄人民革命的時候，革命派不嚴正地宣布其罪行並予以嚴重的打擊，其中一部分領袖反而拘泥於所謂「統一戰線」，幫助投降派奪取謝雪紅的兵權，使革命遭受了致命的損失。革命要求著猛烈的暴力手段，徹底消滅一切公開的與暗藏的敵人，以不斷提高群眾的情緒，把落後的群眾吸引到鬥爭中來；而妥協談判——既顯然無任何成功的可能，就只能是瓦解敵人和揭露敵人陰謀而作爲鼓勵鬥爭的手段。不可諱言，革命陣線沒有能採取堅決的嚴重手段衝出種種困難把廣大的工農階級發動起來，或者說，正在他們摸索著走上這條路的時候，時不我予，形勢已經變得更惡劣，在反革命武裝的壓力下，人民武裝由於構成基礎——學生和市民層中的流氓無產階級的脆弱動搖，就很快的失去了鬥爭的力量；革命政權也就覆亡了。

可以專門來談談**武裝鬥爭**的問題。堅持武裝鬥爭的人民，由於他們的英勇善戰，一度獲得了相當的勝利。爲了鎮壓台灣人民革命，國民黨反動派不得不從內戰前線調回二個整師的軍隊。顯然，以孤立於國統區內的台灣一島，要戰勝當時還比較強大的蔣匪軍，鞏固全省規模的勝利，是不可能的；但作爲全國人民革命的一部分，難道台灣人民武裝的敵後鬥爭不能取得更大的勝利，比如吸引更多的蔣匪軍以削弱其內戰力量，或者堅持得更長久消滅更多敵人嗎？答案是肯定的。

但是，人民武裝在各地的戰鬥中，既沒有來得及建立起全省規模的**作戰指揮部**，也就沒有整個的**戰術部署**，更談不到**指導武裝鬥爭的革命戰略**。因此各個陷於孤立的地位，盲目作戰，在軍事上表現爲：既不能集中力量攻堅，亦不能作有計劃的退卻，——在這裡曠持日久，師老而疲，致爲妥協派所賣；在那裡失却良機，或太阿倒持，反勝爲敗；在另一些地方則被敵人各個擊破。一鼓作氣，再衰三竭，到情勢逆轉時就大部瓦解了。

個別的壯烈犧牲，不能挽救全局。蔣匪援軍登陸後，與留在台灣內部的軍隊內外夾攻，幾乎不費力地排開了各地人民武裝的零星狙擊，很快的就重行佔領了全省。

這時，中部人民武裝曾向東退入山地，組織游擊戰。但中部雖然連亘著大山脈，還不能是游擊隊的根據地，因爲在那些山上住的只有生產方式極爲落後的高山族，在那個社會裡（大部尙停留於氏族社會，一部分更落後），人民游擊隊顯然沒有生存的條件；加以海島的地理隔絕和農村的交通發達，大大地有利於敵人的進攻。這些特定條件決定了台灣人民的**堅持游擊隊之不可能**。這正是作爲全中國人民革命運動之一環的台灣二月革命的又一特點。

了解這個特點，我們可以認識兩年多來台灣革命運動的低潮的實質。在特定的條件下，反革命勢力獲得相對穩定的勝利，那是完全可能的；但人民終究要起來推翻反革命統治。兩年多來，全國人民解放戰爭已取得基本上的勝利，解放台灣已爲期不遠；台灣人民革命的新高潮卽將到來，以迎接全國性的人民勝利。

一九四九年十一月，杭州

國民黨「政府」帶來了災難

我們的船駛近基隆港的時候，一位同行者就在甲板上大叫起來：「呀，台灣！伊爾哈・福爾摩薩！」另一位拍拍我的肩膀，高興地喊了：「我們走到了上一代人走不到的地方了。」

是的，台灣是一個「美麗的綠洲」，而且我們失去已經五十年了。

我們的統治者（滿清王室），曾經在五十年前輕易地丟掉台灣，——甚至被人民推爲「民主國大總統」的唐景崧，當民軍死命抗日開始時，就從後門溜走了；當劉永福所領導的孤軍還在繼續作戰，而清政府就命令沿海各省，不准接濟台灣了。這時候，和這以後的五十年間，人們大抵只記得台灣是化外的荒島；而現在，又記得台灣是綠洲，是遍地黃金的「寶島」了。

誠然，台灣是富庶的，日本人常稱之爲「米與砂糖之王國」③。還有漫山的森林、礦產，以及沿鐵道的工業建設。

但是，台灣人民在五十年——甚至歷來，都過著十分貧苦的生活。比如近四百萬的農民，堪稱爲自耕農的不到九十萬，而一百萬以上的農民都是貧無立錐之地的④。我曾經在被稱爲「台灣之米倉」之台中一帶鄉間訪問過若干農家，他們一家人只有兩三間不及一丈高的磚屋，多數的日子必須靠雜糧維生。

說日本的經濟政策是「養羊剪毛」，在平時大抵是對的；但一入戰時，則是又「剪毛」又要「榨乳」，甚至還要「吃羊肉」。在八年的戰爭中，台灣人民是瘦得不成樣子了。並且，舉農業爲例：日本帝國主義爲了增產，無論對種子及土地灌溉和肥料的研究改良都是可驚的，收效也很大；可是他們始終不肯改變農民的封建的勞動關係，可以知道日帝的「養羊」原來不過在維持再剝削對象之持續生存而已。

五十年間，日本人在台灣曾經累積起巨額財富，並且還相當地建設了台灣。這些便是今日人們所羨稱的表象。但是在實質上，凡是日本人的財富，無非是掠奪所得的部分剩餘，它是**台灣人民血汗的結晶**，並且是日帝用來**擴大**與**加深剝削的利器**，更有進者，所有的建設，雖然具備現代資本主義的形式，實際是建築在舊有的封建基礎上。台灣人民在付出這筆財富時，在這種現代形式的建設之下，痛苦無法比擬，作爲一條牛，它是被剝去兩層皮——遭受著帝國主義和封建主義兩套剝削方法。

但是，從另一角度看來，把台灣作爲殖民地來治理，日本人是有其成功處的。把台灣人民當作奴隸，日帝有效地維持了奴隸的相當穩定的最低程度的生存條件。他們強制奴隸工作，同時保證了奴隸的生活；而爲了統治的鞏固，他們保證了社會的秩序⑤。

國民黨統治者，刼收了台灣的財富，取代了日本人的地位；他們也企圖接收日帝所造成的殖民地秩序，保持台灣人民的殖民地奴隸地位，以保證他們能順利而長久的掠奪。

維持舊的枷鎖，是新的統治者的主要工作。

早在接收台灣以前，國民黨「中央」就頒布了「台灣長官公署組織大綱」，規定長官集中軍事、行政、司法大權於一身；這是日帝「六三法」的翻版，只是把「總督」一名詞換爲「長官」而已。以第一任行政長官陳儀爲首的國民黨政權，它的組成，是一個徹頭徹尾的「親日派」政府⑥——這些人是一向主張投降日本的，他們的腦子中充滿著「東洋文明」，積極要求全盤承受日帝殖民統治。於是**特殊化**的台灣，即**意味著殖民地統治秩序的延續**，特殊化的政制建立起來了，特殊化的經濟——以幣制爲代表物，也建立起來了。

國民黨政權到台灣來的第一個工作，是接收日帝鎭壓台灣人民的手段。台灣人民在光復之初，由於對日帝的深刻仇恨，曾發生若干向日人報復的行動；而國民黨政權則於優待日僑日俘的名義下，待如上賓。並且公開宣布，因爲台灣人沒有高級行政人材必須留用日人，一直到去年五月底止，還留用了日本警察五百餘名。——國民黨政權就是這樣公然利用日帝的統治手段，以維持其對台灣人民的壓迫。

台灣人民曾組織「人民協會」，提出「實施八小時工作制」、「保障人民自由」等民主要求；可是，正當該會在台北展開活動時，長官公署馬上（一九四五，十一，十七）公布「人民團體組織臨時辦法」，命令其停止活動，並於次年一月下令強迫解散。日帝的黑名單馬上被接收了，應用起來，長期反抗日帝而經受殘暴迫害的忠貞愛國的優秀人民，又成了被迫害的對象。比方台灣最負盛名的小說家楊逵，其本人和作品歷受日帝的迫害，光復後一度任某報日文編輯，被軍統特務指名命令撤職⑦；至於現已被逼上梁山的「奸匪暴徒」，如謝雪紅等，就幾乎沒有一天脫離被嚴密監視的生活。

在「瀧谷事件」發生以後，台灣人民曾準備集會遊行，爲在日台胞聲援，亦被禁止。

反動政權也接收了日帝統治者的奴才。比方大地主林獻堂，這個曾被日本天皇親任爲「貴族院議員」及「恩賜勳三等」的「榮譽大和子孫」，早就成了「民族英雄」。「皇民奉公會」有力分子黃朝清，曾不止一次慷慨呼籲台灣人民參加日帝的「聖戰」，並將自己全家改用日本姓名以爲表率，這個人也成了當地紅人，當上了台中市的參議長。

日帝掠奪台灣的工具，當然是國民黨政權的最重要的接收對象。「合法」接收了台灣全省產業百分之九十和耕種總面積百分之七十以上的土地，和已經完成了的金融獨佔體系，以及殖民地專賣制度的基礎上，統制經濟建立了起來。特殊化的台幣政策加強了統制。

一方面，頑固地阻礙著私人資本的發展，而以其無孔不入的統制網掌握了各種經濟部門，甚至於電影、印刷、百貨、旅館、服裝……，都有了官營公司；更無論省外貿易，完全由貿易局獨佔，而一切特產以及煙酒等，則由政府專賣。這個統制網之外，即使還有若干漏網的工商業，也無可避免官僚資本的傾軋和通貨膨脹的打擊；而且還受著政治上的壓制。

另一方面，在統制經濟下，進行著最殘酷的殖民地性的掠奪。以台糖爲例，今春台灣糖價每斤一百七十元（台幣），而政府發行台幣收購台糖輸出上海，卻只售一百三十元（台幣），這就是典型**殖民地剝削**⑧。他們又不顧成本，強制壓低台灣產品的價格，因此在輸出中攫取巨額利潤；台灣的省財政在當時特殊的「盈餘」⑨現象，就是這樣構成的。

儘管以陳儀爲首的國民黨政府，用怎樣好聽的理由，說維持台灣的特殊化是爲了台灣人民的利益，是防止台灣受大陸的混亂局勢影響的「防波堤」；台灣人民卻明白感覺到特殊化就是殖民地化的同義語，表示堅決的反對⑩。台灣人民熱烈地歡迎復歸中國，使他們從殖民地壓迫中解放出來，可是「長官公署組織大綱」的頒布，便使他們大大的失望和不滿了；而隨著統制經濟的加強，反感就一天一天增漲，改省和取消以專賣爲代表的統制的要求也一天一天提高了。當時，以政協爲起點，中國的民主浪潮急速高漲，對一般台灣人民說，民主浪潮的衝擊並未引起嚴重的影響；可是對國民黨統治者而說，人民力量的高漲，越發使他們覺得維持台灣的特殊化——把台灣隔離起來，成爲必要。

早在接收開始時，大量的特務人員，由軍統台灣負責人、警備總部參謀長柯遠芬統率之下，由大陸來到台灣，加上了日帝留下的和新培養出來的特務分子，迅速地佈滿了台灣，包括市長、法官、議員、記者、教員、職工以至流氓……。這個龐大的特務網，憑藉著台灣地理上的與交通的便利，嚴密的封鎖了台灣，一切民主出版物——新華日報、文匯報以及「民主」「周報」「文萃」等，或則根本不能到達台灣，或則爲省黨部查禁；甚至開明書店分店亦經過一年的努力才能開張。而國民黨政府則壟斷了一切宣傳機構：廣播、電影以及幾乎全部的印刷造紙企業——新聞和出版。

嚴厲的壓制和摧殘，包括「法定」的審查、登記、以及特種的干涉恐嚇。比方民主傾向較顯著的大明晚報和抨擊腐敗制度較激烈的和平日報，便經常在被注意之中，和平日報記者丁文治一度「失蹤」後驅逐出境，該報並被柯遠芬強迫撤換了許多職員。一位新生報——公署機關報編輯（公署參議銜、國民黨老黨員）偶爾轉載了一篇抨擊美帝的文章，被迫刊登啓事悔過。

而爲了延長和鞏固殘存的殖民地秩序，國民黨統治者並從事製造**人爲的**「民族」敵對狀態。製造並鼓勵歧視台灣人民的觀念，同時，則優待、縱容、包庇那些以佔領者姿態出現的外省人。爲陳儀所自滿的人事制度，便是這種人爲的「民族」壓迫的標本：它規定了依資歷核定職位和薪給，但所謂「資歷」，卻不包括日本統治時期在內，這就使每一個地方每一個機構內部分別爲兩個顯著的**等級**，做著同樣工作的台籍人員只能得到極低的薪給，甚至有才能有經驗的台籍職員所得到的職位遠不如什麼長的遠親。

「法律」——誰都知道國民黨政權的法律是何等荒謬——操在國民黨官僚的手裡，庇護著與官僚相勾結的外省人，欺侮台灣人民，刼收了最好的田園房屋，霸佔和誘騙台灣的婦女，貪污犯法，無所不爲。

但是，國民黨政權企圖接收日帝留下的殖民地秩序，只是一個虛幻的夢想，它**缺乏**在台灣繼承日帝衣鉢的**基本條件**，——它是一個落後的封建官僚集團，而且正在崩潰中。這個條件使它必須不擇手段、無止境地掠奪，直接破壞著殖民地的一定的——最起碼的安定秩序。內戰的「無底洞」首先決定了陳儀的半鎖國政策與「在安定中求繁榮」口號的虛幻性；官僚資本更不能不改變殖民帝國的掠奪的經濟體系，由「養羊剪毛」而變爲「殺雞取卵」。

光復後台灣經濟有其困難，一方面是戰時的破壞，一方面則由於深刻的殖民地化，缺乏自給的基礎。然而，在相對的低水平上維持台灣的產業仍然是可能的，過去的癥結並不絕對限制人爲的努力，只是統治者所加諸台灣的人爲力量，是破壞而非建設，甚至不是維持。接收的工廠，除少數有利可圖(如煙、酒等)或爲內戰所需(如部分的化工、機械等)尚在開工外，無不搞得一塌糊塗：有的因爲接收人員爲便利貪污起見，在最初就把原料偷賣了，於是宣布原料缺乏而停工；更有的因爲機械零件爲接收人員所偷盜或破壞而停頓。而接收的土地，原是日帝強佔而來的，可是今春某糖廠廠長親口告訴我：接收一年多的糖廠土地的使用，還得等「中央」批准，以致他不得不請派大批警察來鎮壓農民的請求耕植。

舉例說，當日本簽降時，台灣糖廠還維持部分生產(另一部分已於戰時停工)。當時正是製糖時節，依往年慣例，糖廠在製糖時與商人締約，預收糖價以爲資金，及次年照約付糖；各糖廠(日人)向前進指揮所請示結果，仍照舊辦理以維持生產。可是國民黨政府來了，至次年春，糖價已由七角漲了十倍，而糖則由「中央」無代價攫去十五噸，又由貿易局運出一部分，再被貪污了一大批。於是，省公署便於上年二月六日發出解約通知書，至六月四日再宣布「糖契約均屬非法」，說那是日本人訂的，不能要他們履行云云。弄得直接間接與糖買賣有關的人⑪群起呼籲，組織了「台灣食糖契約受渡勵行協會」；然而笑罵由人笑罵，好糖我自吃了；結果糖商大受打擊，食品加工工業陷於停頓。因此，人民遂呼陳儀爲「陳蟻」，說他「愛糖包不愛同胞」。

台幣的特殊化，據說其本意在防止法幣惡性膨脹影響台灣，是一道「防波堤」；可是，國民黨「中央」掠奪了大量的產品不付一文，又在「敵產」名義中接收了大量人民財富，於是，造成了台幣頭寸缺乏，反而經常跌到官價匯率以下，比不上惡性膨脹中的法幣幣值。

台灣本是「米倉」，去年年產逾六千萬日石，足夠維持本省民食而有餘；可是軍糧的運出與集中佔去巨大比例，到今年春，不但米價高出於上海，而且鬧了米荒。而苛徵暴斂的結果，使農村破產加速進行，去年年底，台南縣虎尾區便發生了賣兒子納租的慘劇。

一言以蔽之：可怕的災難，降於台灣人民頭上。關閉了的工廠把大約八十萬的工人拋出工廠；把三百餘萬農民陷入絕境；反動的經濟政策——官僚獨佔、通貨膨脹……迫使一般市民破產。

於是，爲飢餓所驅策的人們，壯者成爲竊盜和刼匪，老幼成爲乞丐或小販；而婦女淪爲娼妓⑫。單說賊盜，曾使監獄發生極度擁擠，超出原定容額三至四倍，據統計，佔全部案件百分之九十以上；今春統治者爲慶祝「憲法」頒布了一次大赦，尤其成爲一大諷刺，有些被赦出獄者次日就因再犯而入獄，所謂大赦成爲「休假」。這些在三四十歲的台灣人看來，是不可想像的。這情形，使各縣市財政支出負擔了巨額的警察費用（如一九四六年彰化市預算，單是警察機構的經常開支佔百分之二十強）；但警察仍然只是點綴品。

台灣人民曾誠摯地歡迎中國政權的重返台灣。但他們所得到的，是一個揹著中國招牌的國民黨「政府」。五十年來壓迫著台灣人民的**殖民統治，被加意保護，製造**；同時，是**更加殘暴**、無恥的掠奪。台灣人民熱烈希望光復能給予它們民族的解放和民生的改善，而他們所得到的是人爲的「民族」壓迫和加倍的痛苦！於是，從一個頂點轉到另一個頂點，卽從歡迎到憎恨。他們爲那些以佔領者自居的外省人，加上一個尷尬的渾號——「阿山」。

「阿山」這個名詞，據說原來並不含有惡意；可是此刻，它已經成了貪污、獨裁、枉法、欺詐、荒淫無恥——一切壞事的同義語。「阿山」，是台灣經濟、政治的破壞者，他們更破壞了台灣人民所重視的法律和公共秩序等等，他們在貧困與飢餓的台灣人民面前，以強取豪奪所得過其荒淫無恥的生活。

一面是飢寒交迫，一面是荒淫無恥。台灣人民，除少數「半山」⑬外，堅固的團結起來；在人民的談吐中和輿論上，出現了地方性的激烈言論，正如一般被壓迫民族所有的狹隘民族主義者然。台灣人民用一種忿怒的、伺機報復的眼光，嫉視著以主人自居的「阿山」。

陰霾密布，敏感的人可以察覺：風暴卽將到來。

開春以來，米價暴漲，台北曾發生風潮。米潮過去後，我曾與一位本地醫師談及社會危機，他以爲四月是一個難關，——因爲那時米荒將眞正進入嚴重階段，必將引起巨大事變。

一年來，國民黨「政府」已經惡貫盈滿，民變的**時機已經成熟**。

「二・二八」，暴風雨終於來了！

一九四七年開春以來，台灣人民起義的形勢旣已成熟，二月廿七日「緝私傷人案」，遂成爲暴風雨的信號。

廿七日下午七時半，專賣局的緝私人員在台北市毆傷賣香煙的攤販老太婆，並槍殺圍觀群眾一人。這便是緝私案經過。

統治者用他們的經濟政策把大批的人民驅入乞丐、盜匪、娼妓之列，其中一批被驅向街頭，靠著販賣香煙過活；但統治者卻爲了更加發展他們的豪門資本，甚至連這一點求生的自由也不能逃出與民爭利的天羅地網。廿七日血案中的賣煙老太婆，終於成了大暴動的祭旗者。

當晚，台北市民擁集憲兵隊及市警局請願，要求懲辦兇手，無結果。次晨，即二月廿八日，人民以罷市作抗議，並集隊遊行，高呼「**賣煙都要送命，我們台灣人還得活嗎？**」把本町專賣局台北分局存貨拋出路中焚燬。這時，統治者已發布戒嚴令，執行其法西斯凶暴手段，企圖鎭壓人民的請願運動，警備總部宣布：「自二十八日起，於台北市區宣布臨時戒嚴，禁止聚眾集會，如有不法之徒，企圖暴動擾亂治安者，定予嚴懲」，至於「槍傷人民」之惡吏，卻要人民聽「由省署妥善處理」即依包庇縱容的成例放了他⑭。上午十一時左右，人民代表五人向柯遠芬提出懲兇、賠償、取消專賣局等五項要求，柯一面欺騙拖延，同時加強警衛布置大屠殺；於是，下午一時，群眾又向長官公署請願，衛兵乃開槍向徒手人民射擊，死三人傷三人。

至此，人民乃更爲激怒，遂奪取廣播電台，呼籲全台響應，一面搗毀貿易局的興台公司及永安堂等外省人的公司商號，向外省人展開血腥的報復。全市騷動，北上火車僅開至板橋站；學生罷課，各機關員工逃避一空；外省人因語言不通被毆斃傷者頗眾。市參議會召開緊急會議，全體議員由省參議長黃朝琴率領赴公署請願，陳儀允禁止軍隊開槍及懲兇等事。但當晚統治者即自食「禁止軍隊開槍」之諾言，各通衢都有軍警荷槍實彈，崗哨密佈，施行戒嚴，行人絕跡。

三月一日，清晨的槍聲揭起恐怖之幕。四面架槍的巡邏車在市上直撞橫衝，士兵都作立射跪射姿勢，殺氣騰騰，槍聲四起，學生、工人、市民死傷或被捕者極眾；一面又由「半山」如僞「國大代表」謝娥及黨棍李翼中等出面欺騙。然人民反抗情緒，越加高漲，謝娥的家和醫院亦被搗毀。中午，市參會再商得陳儀同意⑮，不准憲警開槍，但槍聲仍未絕。恐怖氣氛益見嚴重，外省人多逃入長官公署大廈內，或出資雇得台籍流氓保鑣。公署並下令檢查新聞，一日、二日民報社論及地方新聞全部開天窗。

下午三時，群眾爲解決昨日屠殺事件，包圍鐵路管理委員會，警察大隊竟用機槍掃射，當場又死十八人，傷四十餘人。

二日下午三時，陳儀再度廣播：「一、凡參加此次事件之人民，政府念其由於衝動缺乏理智，准予從寬，一律不加追究；二、因參加此次事件已被憲警拘捕之人民，准予釋放，均送集憲兵團部，由其父兄或家族領回，不必由鄰里長保釋，以免手續麻煩；三、此次傷亡的人，不論公教人員與人民，不分本省人與外省人，傷者給以治療，死者優予撫恤；四、此次事件如何善後，特設一『處理委員會』，這個委員會，除政府人員及參政員、參議員等外，並參加各界人民代表，俾可容納多數人民的意見。」

三日，情勢略趨緩和，人民的要求亦漸明朗化，仍不外爲「改組長官公署爲省政府」、「取消專賣局及宣傳委員會」、「解嚴」等。此時，處理委員會公開出現，派代表二十餘人（包括民眾代表五人、工人二人、學生三人、青年四人、婦女一人、「國大代表」劉明朝、參政員林忠、省參議員王添灯及蔣渭川、林梧村等）向公署要求，決定：一、軍隊於即日下午六時撤回軍營集結；二、地方治安由憲兵、警察與學生青年組織治安服務隊維持；三、交通亦於六時全部恢復，民眾保護交通員工；四、米糧問題，撥出軍糧供給；五、軍隊撤回後，倘有意外發生，可抓交柯參謀長法辦，柯氏負完全責任；六、軍隊撤回後，民眾倘有再發生意外事件，由二十餘名代表負完全責任，將擾亂者法辦；七、市民勿輕信謠言，南部軍隊⑯絕對不北上。柯遠芬並廣播「憲兵團之下設憲兵警察民眾聯合辦事處，組織治安服務隊維持治安」，並保證倘不遵行撤軍命令，「負責自殺以謝人民」云。

當日下午二時，以「二・二八事件處理委員會」名義發出第一道公告，內稱：「本事件已在徹底交涉中，請我同胞暫爲鎭靜，作本會後盾，冀交涉目的能達到，幸勿打人燬物，各自維持秩序爲盼」。並以「省民眾代表大會」名義，向蔣「主席」致電，指責「政府毫無威信，舉動極爲野蠻，且無紀律，是以事變愈加擴大」；並稱：「全體民眾要求本省政治必須根本改革，蓋本省光復以來，政治惡劣，軍警公務人員之不法行爲，致使省民大抱不滿。雖經迭次要求改善，仍無效果，此乃造成二・二八慘案之遠因，爲此並祈剋速實行地方自治，實現眞正民主政治」。

處理委員會乃決定動員青年學生，維持治安；糧食局並著手處理糧食問題，(因其時正是米風潮發生不久，北部糧食情形嚴重)。四日，王添灯主持之民報刊出短評稱：「舊事莫重提，願大家正視眼前，講究緊急措施，實行有效辦法。從前的事，猶似昨日死，未來的事，有如今日生，努力向前，求光明的路吧。」

王添灯是「處理委員會宣傳組長」，並且是實際的領導者之一，民報四日的評論，可以說明：流血暴動已似乎告一段落；尤其是領導者已準備結束流血暴動，而**專心**從事**政治談判**了。

而在台北以外，**全台灣的流血鬥爭正方興未艾**：

在**北部**，**基隆**港二十八日晚開始暴動後，市區一直在要塞司令部的武力控制中。從一日至三日，衝突迭起；三日下午，碼頭工人襲擊軍用倉庫，被駐軍擊退，殺害多人，沒屍入海。人民起義已在血泊中被鎭壓下去。

新竹市人民二日晨開始暴動時，曾獲初步勝利，繳收憲警武裝，搗毀國民黨市黨部及機關與外省人商店多起。但至當天晚上，由南部奉令增援台北的國民黨軍隊開到新竹站，因機關手避走無法繼續北上，遂入市區開始血腥屠殺，捕殺市民及青年學生，並於四日宣布戒嚴，「格殺勿論」。起義遂告失敗。

在**南部**，二日夜，台南市以青年學生為主體的起義人民，突起襲擊市內各處警察所，繳收武器。次日上午，舉行民眾大會，決議支持台北市民，同時要求改革政治，立即實施縣市長民選；此時，安平運河發現由閩入口之帆船一隻，拒絕繳槍，被人民縱火焚燬。是晚，工學院學生決議參加鬥爭，並編成一隊馳援台中。四日，群眾又舉行示威遊行，高呼「反對內戰」、「要求台灣自治」；並組成人民軍，接管市內各機關。

高雄市三日下午開始暴動，到處發生打「阿山」，市民並佔領兩警察分局。五日，成立市處理委員會，同時組織人民軍與總指揮部；本籍警察二百餘人起義，參加作戰。遂攻擊憲兵隊、陸軍醫院及軍械庫，收繳武器甚多，完全佔領市內所有軍政機關，國民黨政府官兵約七百人被集中看管；同時，釋出監獄囚犯二百餘人。但要塞司令部仍擁有重兵，而在高雄縣城鳳山鎮，駐軍包圍全鎮，緊急壓平準備響應的人民。

當台北二二八事件消息傳播，北起基隆，南至高雄，東至台東，花蓮港，除澎湖因駐防海軍鎮壓未受影響外，似颱風席捲全境，人民蠭起，展開狂烈的流血鬥爭。不數日**全省政權大半瓦解**，**陷**

入混亂，開台灣革命史之新頁。

人民力量的勃起，曾使統治者措手不及，且由於駐軍兵力單薄⑰，人民起義曾普遍獲得相當的勝利，尤其是中小城鎮：如**東部地方**，花蓮港國民黨軍隊在人民壓力下，自行撤防歸營；台東青年學生及高山青年武裝，則接收所有治安、行政機構；羅東、宜蘭、瑞芳等地，亦均由人民維持治安，秩序良好。可是，國民黨統治者卻始終控制基隆、高雄兩港口，並掌握新竹、鳳山等要地，因此使台北與台南兩大城市的人民勝利，受到嚴密監視，無法發展，且不能鞏固；起義人民，終於不能突破這種**軍略的劣勢**。

「三・二」**台中起義，創造了新的局面**。

一日下午，台中市、縣及彰化市各界首領舉行聯席會議，準備以台北同樣的方式向政府抗議；同時，各地學生也準備遊行示威。二日晨九時，市民大會開幕，由楊克煌報告台北市民起義經過後，推選謝雪紅爲主席。謝即發表演說，抨擊國民黨政府的暴政，強調人民必須團結起來，爲解除本身的痛苦**鬥爭到底**，要求**結束國民黨一黨專政，立即實施台灣人民**的**民主自治**。繼之，市民態度激昂，遊行示威。當時台中市長黃克立已於事先化裝潛逃，市警局經說服後，全體繳械；市民並衝入三青團將蔣介石畫像打得粉碎。全市入於起義人民控制之中。若干外省的公務人員與台籍鐵路警察被毆傷。下午，**人民政府宣告成立**，發表安民佈告，並通知各報社（其時在台中市出版者有和平、自由二報）發刊號外，提出保障人民言論集會自由等口號，並呼籲「共同努力，建設台灣」，要求市民「**不**

帶槍的不要打，不抵抗的不要打」。社會秩序由學生組織維持，至當晚已完全恢復；少數流氓乘機打劫的亦立即被人民政府逮捕審訊。外省籍人民分別集中保護，貪污犯法的官吏則集中看守，等待人民法庭公審。

以謝雪紅為首的革命陣營，由於大多數的學生青年之擁護，取得了革命的人民政府的領導地位。

接收了市政府、警察局及駐軍倉庫；並成立「作戰本部」，組成人民軍（後稱「二七部隊」）。

三日晨，人民軍驅逐反撲和增援的憲兵隊和二個連國民黨軍；是夜，冒雨激戰六小時，徹底殲滅駐軍五個單位，俘軍官三十餘，士兵及文職人員三百餘名，繳獲步槍百餘支，軍需物資不計其數。

次日，復爭取國民黨空軍第三飛機廠的武裝放下武器。

當戰事正在激烈進行，人民紛紛自動捐獻慰勞品，市婦女會即組織婦女，為人民軍燒飯，辦理供應；各村鎮人民踴躍參加戰鬥，來市增援，計有彰化、大甲、豐原、埔里⑱、東勢、員林、田中、太平等隊。在人民的堅決支持中，人民軍獲得了偉大的勝利。

人民政府一面編組軍隊二支馳援嘉義作戰，並供應嘉義、虎尾、台北等地彈藥為數甚多；一面自鄉間運輸大批食米，施賑貧民，對人民政府職員和軍隊、與被集中的外省人實施授糧。

在台中人民起義的領導和影響下，**中部地區人民展開全面的武裝進攻**。

二日上午，**員林**人民衝入台中縣政府，佔領警察局，並打開看守所釋放囚犯。三日，**彰化**市人民收繳警察局武裝，青年學生組織治安隊，控制了全市。在彰化以南地區，**斗六**鎮人民在陳篡地領導下，組織所有學生、青年、退伍軍人，成立「警備隊」；**虎尾**的人民武裝亦於三日開始猛攻虎尾機場；五日，附近各地如**斗南**、**竹山**、**林內**等民軍加入戰鬥，以少數武器，經過英勇慘烈的攻堅戰與白刃戰，克服優勢敵人，佔領了虎尾機場，並繼續追擊突圍敵人，把敵人圍在平頂山上，迫使他們投降。

而以**嘉義**市的戰鬥最爲慘烈：二日下午，台中和彰化的起義學生數名來到嘉義，向人民報告台北和中部起義情況，當場人民高呼：「我們也起來打倒貪官汚吏！」遂開始搗毀市長公館等處，掀起打風，並隨即佔領市警察局。三日上午，在三青團分團部和市參議會的號召下，舉行市民大會，組織「嘉義三二處理委員會」及「防衛司令部」，以三青團主任陳復志任主委兼司令。防衛司令部統轄「高山部隊」、「海軍部隊」⑲、「陸軍部隊」⑳、「學生總隊」、「海外歸來總隊」㉑、「社會總隊」等。下午，各武裝部隊攻擊國民黨第十九軍械所，激戰一小時，予以佔領，接收所有裝備；時憲兵隊和市政府人員，已退至東門與駐在的國民黨軍某旅旅部會合，人民軍即包圍東門營房展開攻擊。當晚九時，佔領市政府，台籍警察大部分攜械起義。市內和市郊外省籍官吏一千四百餘人，全部被集中。四日晨，人民軍三千餘名，開始大舉進攻，駐軍被壓迫退出市區；至此，市內所有機關及電台、鐵路交通與水、電完全入於人民軍手中。退出市區的國民黨軍先退至山子頂嘉義中學；人民軍尾隨追擊，又被迫退至紅毛碑；而人民軍獲得各地增援，英勇猛攻，雙方死傷慘重，經激戰後，國民黨軍乃將紅毛碑軍械庫㉒破壞後，退至飛機場死守待援，人民軍遂將飛機場重重包圍，但亦急切難下。

五日，爲協調全省步驟，台中方面的人民政府即行取消，成立「台中地區時局處理委員會」，擴大組織，同時提出主張：一、剋日準備實施憲政，即時選舉省縣市鄉鎭長，實行完全省自治；二、即刻改組各級幹部，起用本省人材，協力建設新台灣；三、即刻開放官軍民糧倉，配給省民，安定民食；四、廢止專賣制度，各工廠交人民管理；五、確保司法獨立，肅清軍警暴行，保障人民七大自由（人身、言論、出版、思想、結社、集會、居住）；六、因「二・二八」事件憤起之群眾行動，一律不得追究；七、平抑物價，救濟失業，安定民生。並提出「反對內戰」、「反對專制」、「反對以武力把持政權」等口號。

處委會一方面派林連宗（國大代表）北上與台北方面連絡，參加省處委會；一方面捕殺趁火打劫的強盜以維持秩序，並準備頒發身分證以保障外省籍同胞，（在頒發以前，先在善良的外省人住宅張貼布告，並派人民軍妥加保護）；同時，設立人民意見箱，廣泛聽取人民意見。

八日，處委會召集了區域、職業代表大會，包括三縣市工、農、商各界及地方士紳、機關職工、與知識分子及各區五十五單位代表。處委會亦正式成立，並選出謝雪紅、林連宗、林獻堂（缺席）等十五人爲執委，向中山遺像宣誓就職，並發表宣言，呼籲「省內外同胞，任何黨派，任何陣營，在爭取民主自由共同目標之下，團結奮鬥」，對台灣人民求自由爭民主之鬥爭，「加以聲援」！

在台中起義當天，革命派領導者便呼籲人民勿爲勝利所迷，要認淸「台中的勝利只是台灣民主運動的初步，而**台灣民主運動又爲全中國民主運動的一環**」；而民主運動「**必須以武力爲後盾**」。至此，更提出：「在此爭取以自由無限制普選而產生的自治政權的階段」，應組織廣大的「**除貪官污吏猙獰惡霸之反對派以外的民主統一戰線**」。爲適應鬥爭的長期性，爲保持並擴大有生力量，他們要求以城市爲中心，積極**向農村推進**，**組織農民武裝**，把革命向前推進㉓。

這樣，中部人民的英勇起義，不但大大的發揮了台灣人民的熾烈的奮鬥精神，並且**第一次**摸索到了革命鬥爭唯一的道路——**長期的武裝鬥爭**的道路；他們開始走上了這條道路……

「七日民主」與武裝鬥爭

妥協扼殺鬥爭，鬥爭一經停止，腐蝕隨之而來。

在台北，竊據領導權的是代表**地主**、**土著資產階級**的政客們。他們代表有產者要求微溫的和有限的「民主」和「自由」，如局部開放政權、取消專賣制度之類；而他們由於脆弱和膽怯，只幻想統治者客氣地放下武器，把政權穩妥的讓渡到自己——他們的小集團手裡。

當市民暴動向高潮急劇發展時，統治機構已在大體上被瓦解，暫時失去武力鎮壓的力量，於是有陳儀的一再廣播，表示讓步——拖延待援；而土著資產階級的領導集團亦居然以「談判」來代替武力攻擊。談判成了唯一的工作，統治者乃得施行其惡毒陰謀，在拖延中度過最險惡的日子㉔，並且布置大屠殺。

三日起，軍統頭子柯遠芬命令其爪牙林頂立等，指揮徒眾，一方面組織所謂「忠義服務隊」以接替軍憲撤退後維持治安，並從事搶劫、放火，製造事端，又監視革命分子；一方面混入群眾，甚至混入處委會，裡應外合，施行搗亂。社會秩序再趨混亂。而數日前奮起鬥爭的人民，因爲組織的散漫和領導失策，遂由疲憊而歸於渙散。

省處委會的成立，包括了陳儀的親信、和特務分子以及土著的政客，進步分子失去了控制。他們變成了「新貴」，進出會堂，好像台灣已經由他們「自治」了；而在會堂(中山堂)對面不及二百米處的憲兵隊部，憲兵猶在持槍站崗，市內主要據點盡在國民黨軍控制下。這些「新貴」們高談終日，一籌莫展。四日，他們的代表四十餘人謁見陳儀，提出所謂意見三點：「一、長官對本事件之看法如何？蓋本事件發生之遠因，係過去一年餘之政治經濟政策不能依照長官之理想辦理，而產生各種矛盾，因之使本省同胞失業，不能安定民生，此點可由台北發生之事件波及中南部等地可以看出。二、關於政治上之改革，可以由本案處理委員會研究一具體辦法，乘此機會改革目前台灣政治。三、長官現在被一部分部下包圍，際此嚴重時機，希望長官打開包圍陣與民眾握手，開誠布公商談，解決一切根本問題。」

五日，原定派駐日本作象徵佔領的「太康」艦及其他軍艦兩艘，已緊急調至基隆港口外停泊，待命登陸；而受CC指使的委員蔣渭川則於是夜廣播：「巷井流傳中央政府特派軍隊來本省鎮壓省民一項，完全屬於謠言，絕對無其事實，請六百萬省民不可誤信，保持冷靜，等待事件之圓滿解決。」

當日下午，處委會提出「改革本省政治方案」，內容如下：「一、專賣局凶手，立刻在民眾面前槍決；二、厚卹死者遺族，無條件釋放被捕民眾，且不得追究發動之人；三、軍隊武裝全部解除，交由處委會保管，治安亦由處委會負責，中央不得派援兵來台，以刺激民眾；四、取消專賣局、貿易局，並令專賣局長向民眾道歉；五、一切公營事業由本省人經營；六、公署祕書長及民、財、工、農、教、警各處長及法制委員會委員須過半數以上以本省人充任；七、法院長及首席檢察官，均須用本省人；八、立即實施縣市長民選。」

六日晚八時半，陳儀作第三次廣播，「欣然接受政治改革方案」，並宣布：改組省政府已「向中央請示」，六月卅一日以前實施縣市長民選(直接普遍選舉)，「其他各種政治問題，待省政府成立、縣市長民選之後，自當可以解決」。並自稱：「言必有信，我所講的話，我完全負責，請台灣同胞信賴政府這次寬大措施……」。處委會「信賴」了並且對陳儀廣播認為滿意，說「省民努力已見曙光」；而如基隆、台南等仍在軍武力統治下的都市，甚至立即開始縣市長候選人的選舉了。

前此，柯遠芬曾說，「只要台胞不要求獨立，不共產化，一切問題均可圓滿解決」；至此，利誘、威脅、離間、破壞的卑劣手段，益發加強，領導層的分裂和妥協也就更爲明白了。

爲反對處委會的妥協，台北各校學生曾於四日開祕密會議，決定組織青年學生，進行武裝鬥爭；五日，成立了「台灣自治青年同盟」，並開始登記前軍事人員，編成隊伍；同時，更準備肅清處委會妥協分子和特務。可是由於青年學生組織不夠堅強、統一，更由於本身武力薄弱，各地接應又不能迅速到達，展開武裝鬥爭的計劃遂告流產，反妥協的鬥爭亦告失敗。

七日，盛傳大批國民黨援軍將到，眾情惶恐，行人絕跡，台北已成死市。處委會應陳儀要求，討論綜合政治改革意見。時特務成群呼嘯，把持會議，會場混亂。在特務的把持破壞下，根據王添灯所擬草案，勉強通過「處理大綱」三十二條㉕：

一、制定省自治法，為本省政治最高規範，以便實現國父建國大綱之理想。

二、縣市長於本年六月以前實施民選，縣市參議會同時改選。

三、省各處長人選應經省參議會（改選後為省議會）之同意，省參議會應於本年八月以前改選，目前其人選應由長官提出交由省處理委員會審議。

四、省各處長三分之二以上須由本省居住十年以上者擔任之，（最好祕書長、民政、財政、工礦、農林、教育、警務等處長應該如是）。

五、警務處長及各縣市警察局長應由本省人擔任，省警察大隊及鐵道工礦警察等即刻廢止。

六、法制委員會委員須半數以上由本省人充任，主任委員由委員互選。

七、除警察機關之外，不得逮捕人犯。

八、憲兵除軍隊之犯人外，不得逮捕人犯。

九、禁止帶有政治性之逮捕拘禁。

十、非武裝之集會結社絕對自由。
十一、言論、出版、罷工絕對自由，廢止新聞紙發行申請登記制度。
十二、即刻廢止人民團體組織條例。
十三、廢止民意機關候選人檢覈辦法。
十四、改正各級民意機關選舉辦法。
十五、實行所得統一累進稅，除奢侈品稅、相續稅外，不得徵收任何雜稅。
十六、一切公營事業之主管人由本省人擔任。
十七、設置民選之公營事業監察委員會，日產處理應委任省政府全權處理，各接收工廠礦應設置經營委員會，委員須過半數由本省人充任之。
十八、撤銷專賣局，生活必須品實施配給制度。
十九、撤銷貿易局。
二十、撤銷宣傳委員會。
二十一、各地方法院院長各地方法院首席檢察官全部以本省人充任。
二十二、各法院推事檢察官以下司法人員各半數以上以省民充任。
二十三、本省陸海空軍應儘量採用本省人。
二十四、台灣行政長官公署，應改為省政府制度，但未得中央核准前，暫由二•二八處理委員會之政務局負責改組，普選公正賢達人士充任。

二十五、處理委員會政務局應於三月十五日以前成立，其產生方法由各鄉鎮區代表選舉該區候選人一名，然後再由該縣市轄參議會選舉之，其名額如下：台北市二名，台北縣三名，基隆市一名，新竹市一名，新竹縣三名，台中市一名，台中縣四名，彰化市一名，嘉義市一名，台南市一名，台南縣四名，高雄市一名，高雄縣三名，屏東市一名，澎湖縣一名，花蓮縣一名，台東縣一名，計三十名。

二十六、勞動營（按即集中營）及其他不必要之機構廢止或合併，應由處理委員會政務局檢討決定之。

二十七、日產處理事宜，應請准中央劃歸省政府自行清理。

二十八、警備司令部應撤銷，以免軍權濫用。

二十九、高山同胞之政治經濟地位及應享之利益，應切實保障。

三十、本年六月一日起，實施勞動保護法。

三十一、本省人之戰犯及漢奸嫌疑被拘禁者，要求無條件即時釋放。

三十二、送與中央食糖一十五萬噸，要求中央依時估價撥歸台灣省。

此三十二條，是**符合大多數人民意志**的，作為革命**最低綱領，是合理的**。其於政治上，要求自治、參政權的均等和現代社會所應有的自由、排斥集中營和特務制度。在經濟上，要求平民生活之保障、和反對國民黨「中央」的無理掠奪。而第三十一條，乃特務分子脅迫製成，以爲統治者造謠誣衊的根據，爲人民革命設下了「反抗中央背叛國家陰謀」的罪狀，預作大屠殺之伏筆。

次日，處委會的條件被陳儀、柯遠芬拒絕，情形益壞；膽怯的領導者發表最後一度聲明：

> 查三月七日本會議決提請陳長官採納施行之三十二條件，因當時參加人數衆多，未及一一推敲，例如撤銷警備總部、國軍繳械，跡近反叛中央，決非省民公意。又如撤銷專賣局，固爲商人所喜，然工會則不贊成，殊不足以代表本省人民利益。茲經再度商議，認爲長官既已聲明「改組長官公署爲省政府，儘量速選省民優秀分子爲省府委員，或廳處長」，則各種省政之改革，自可分別隨時提請省府委員會審議施行，無須個別提出要求。至於縣市方面，長官已電請各縣市參議會，斟酌情形，分別推薦縣市長候選人，圈定授職，藉以辦理民選縣市長之準備事宜，似此省政既有省民參加，縣市政府亦由省民主持，則今後省政自可依據省民公意，分別改革，亦無須個別另提建議。根據上述見解，本會認爲改革省政之要求，已初步達到；本會今後任務，厥在恢復秩序，安定民生。願我全省同胞，速回原位，努力工作。並請本市各校學生，自下星期一（按：三月十日），照常上課，各業工人，即日分別復工，治安暫由憲警民協同維持。即希各公私工廠，速即開工，儘量容納失業工人，倘有不法之徒，不顧大局，藉詞妄動，即係另有用意，應請全省同胞共棄之！除再向當局交涉，嚴禁軍警肇事外，謹佈區區。

代表大地主、資產階級的投機政客，其無恥一至於此！他們**不獨取消了一切政治要求，而且爲**

統治者歌頌；他們背棄革命力量，而用統治者的口吻稱之爲「不法之徒」，**加以解散！**

與這個大叛賣同時，市民們恭聆了「以私人資格訪問」處委會的劊子手之一——憲兵第四團團長張慕陶的談話。他稱讚「要求政治改革，其意甚善，外省同胞亦感覺應如此去做，皆願從旁協助」；還堅決自稱「決以生命保證，中央決不對台灣用兵」。

正是這一天下午，國民黨軍在基隆登陸。大屠殺結束了「七日民主」。

就在台北的投機政客們的交易談判的同時，他們的交易資本——中南部的局部的暫時優勢已經迅速消失，他們企圖奪取人民起義的勝利並以之與統治者討價還價的可恥的分贓式交易，還沒有成交；就在陳儀、柯遠芬之流，對台北的投機政客們還在客氣地談判「改革省政」，並且不斷對忿憤的人民「保證」「寬大措施」的同時，**從來不會停止其血腥屠殺**，只要是他們力之所及！

貫穿著所謂「七日民主」的，是基隆、新竹的連續鎮壓；在喊喊喳喳的談判、「保證」和「民選市縣長」的背後，首先展開了高雄、嘉義的殺人盈野的血戰。

五日，**高雄**市人民武裝已獲得相當勝利，正圖圍攻高雄要塞；次日上午十時，處委會開會決定，爲了減少雙方犧牲，推派代表向要塞司令部要求自動解除武裝。並推定黃仲圖(市長)、涂光明(人民軍總指揮)、彭淸靠、曾鳳鳴、林介五人，上山面勸要塞司令彭孟緝放下武器；彭孟緝聞言勃然大怒，當場槍殺涂光明、曾鳳鳴等，並扣押其餘代表(黃仲圖除外)。

至此，大劊子手彭孟緝一面命令鳳山駐軍殺進高雄市。同時，要塞司令部所屬部隊則由駐地殺出，不分男女老幼，逢人便殺；直衝入市政府，處委會委員及民眾正在等候代表報告談判結果，當場被擊斃三十四人，傷百餘人。此時，人民武裝乃開始抵抗，終因眾寡懸殊，且受兩路夾擊，而告潰敗；學生軍堅守前金派出所，激戰至半夜，全部壯烈戰死。在彭孟緝指使下，全市到處展開屠殺，晝夜槍聲不絕，至八日才稍休；街頭死傷纍纍，無人敢收拾。

這一場大屠殺，據事後白崇禧報告，死者達二千七百餘人，傷者不計其數㉖。殺人犯彭孟緝便因此立下「大功」，由要塞司令升任爲全省警備司令了！

嘉義的武裝衝突，自二日起迄未停止，至四日，人民軍大舉進攻，將敵方圍困在飛機場。五日，人民軍仍繼續攻擊，並斷其水電，圖迫使守軍繳械；但守軍仍持其優勢火力，頑抗不得下。於是，由於守軍請求，雙方停止戰鬥，成立協議，以人民軍集中武器，並供給守軍白米二十包、青菜水果類三千斤，煙六百包。這天午後，警備部由台北派出飛機一架，向嘉義守軍陣地投下大量彈藥和糧食；守軍立即突圍衝出，向信守協議的人民軍猛攻，並馳入市區殺人。民方措手不及，武裝與非武裝人民犧牲三百餘人。待中部各地援軍趕到，經三日混戰，才將突圍流竄的國民黨軍擊回，重新圍困飛機場。

九日，被圍的國民黨軍又派人至人民軍請和；一方面則派人飛台北請援，（此時，台北已開始血腥鎮壓，）又獲得大批彈藥、糧食的供應。十、十一兩天，國民黨軍一面陸續接獲台北方面的「援兵即到，死守機場」的電令，布置大屠殺；一方面還不斷地以「談和」相欺騙，避免人民軍的攻擊。

十一日下午，民方代表竟又與國民黨軍重行成立前被破壞了的「協議」，在兇狠險毒的敵人面前解除了自己的武裝，並即派陳復志（人民「防衛司令部」司令）等十二名代表親送食米、青菜等兩車赴機場。就在這時候，國民黨軍捕殺了民方代表（僅三人逃脫），並開始反擊；有著光輝戰績的嘉義人民軍，乃由於領導錯誤而告潰滅！

十二日下午，大批國民黨軍空運到嘉義，益發擴大屠殺，市民與青年學生被殺者不可勝計。陳復志亦於十三日被示眾槍決。

在**台中**，以處理委員會成立爲起點，兩條路線的鬥爭即行開始：一邊是以謝雪紅爲首的以革命分子和青年、學生等所構成的進步力量；一邊是政客、地主、特務、流氓……混合陣線。前者堅持武裝鬥爭，貫徹人民起義的目的——取得民主自治；後者則從中阻撓、破壞。

處理委員會成立時，即決定下設「保安委員會」以替代人民軍作戰本部，將原有人民軍改編；會中選任吳振武㉗統率。這是投降派破壞的第一步，他們通過會議**奪取軍權**；但武裝人民堅決擁護作戰本部，一部分並於六日另行組織「二七部隊」，不受控制。此時，以大地主林獻堂爲首的投降派，利用多數把持處委會，主張靜待省處委會的「和平」妥協，並阻撓以武力增援各地，坐視各地苦鬥失敗；另一方面，暗中配合特務分子，先則破壞營救張學良㉘的計劃，繼則唆使流氓搗亂，並將情況密告台北國民黨政府。處委會空談終日，每天供應飯食達五千餘份，雜亂無措。

自四日至八日，各地情況惡化。人民軍——「二七部隊」鬥志堅決，一面鎮壓特務搗亂，破獲特務組織（拘禁台籍軍統特務蔡志昌等四十餘名），一面單獨撥出大量彈藥、編成援軍，馳援中南部各戰場；並修理日軍留棄之舊戰車，步兵砲等，準備應戰，嚴密佈防控制市區。憑著武力控制，公開的破壞陰謀被打碎，投降派亦不敢過分囂張，進步力量乃領導人民展開各項活動。（見前章）

九日，國民黨軍在北部大舉登陸開始大屠殺的消息傳到，陳儀並下令解散處委會，人心動搖，處委會委員大部躲避不出。到十一日，處委會已無形解散，少數走狗且逕行釋放被扣之國民黨官兵，「二七部隊」雖照常工作，秩序已形混亂。當晚，部分處委會委員舉行最後一次會議，竟提議推選黃克立繼續當市長，要求謝雪紅同意，謝凜然說：「我們的目的之一爲爭取民選市長，請你們去徵求市民的意見」。不歡而散。

次日，盛傳國民黨大隊援軍開到，市民逃避者更形擁擠。「二七部隊」會議決定，爲保持有生力量繼續武裝鬥爭，並爲避免引起市民損失起見，放棄台中市區；但仍留一部控制市區，制止破壞劫掠，以保護市民生命財產。大部則於三時撤赴埔里鎭，部署新戰鬥。先是，爲統一並加強中部地區人民軍戰鬥行動，謝雪紅曾發起召集中部各地方人民軍代表舉行軍事會議；乃因時機迫急，而告流產。

人民軍從容撤退後的第二天，即十三日下午，國民黨整二十一師才進入台中市。十四日下午，該師派遣四三六團全團進駐草屯，企圖襲擊埔里，在草屯、埔里間遭「二七部隊」狙擊敗退；該師另一路則繞過二水、集集、水裏坑，侵佔日月潭、門牌溝二發電廠，包抄埔里左翼。當人民軍開始撤退時，沿途民眾紛紛相送鼓勵，到埔里後，連日進行宣傳工作，當地青年與高山族兄弟踴躍參軍，士氣旺盛；十五日，國民黨軍見「二七部隊」佈防甚嚴，又得地勢之利，不敢貿然進犯，乃用電話誘降，亦為「二七部隊」堅決拒絕。是夜，「二七部隊」為剪除敵方包圍形勢，發起對左翼敵人突襲，當即俘敵方間諜三人，並迅速攻佔魚池警察所；二時左右包圍日月潭國民黨軍陣地，投擲手榴彈，敵傷三十餘人，潰退水裏坑，乃俘敵三人而歸。十六日，國民黨軍增援草屯，又大舉進攻埔里，「二七部隊」全力抵抗，自上午十一時激戰至黃昏。敵方雖在人數上和武器上佔壓倒優勢，但在「二七部隊」奮勇苦鬥下，傷亡二百餘人，慘敗而退。

但此時，全省人民起義已被鎮壓下去，「二七部隊」雖鬥志堅決，苦於彈藥無法補給，且埔里兩路受敵，不能固守。是夜，獲悉嘉義、斗六等地人民軍集合於小梅山中，繼續作戰，遂下令解散「二七部隊」，化整為零，突破包圍，參加小梅人民游擊隊㉙。

至此，台灣人民的武裝起義，經過二十天的英勇鬥爭，在統治者的高壓下失敗了。

在血腥的恐怖政策下

三月八日，血腥的日子！國民黨援軍從上海和福州奉秘密的緊急命令調來，軍官們沿途編造謊言鼓勵了士兵們的殺氣。八日下午，他們從基隆上岸，大殺一陣過後，連夜向著沿途市街、村莊中的假想敵，用密集的火力掩護衝鋒而來，殺進台北市。此時，第一號劊子手柯遠芬已先行指揮台北軍憲特務，將數百名維持治安的學生逮捕槍殺；又殺入處委會，將數十名辦事人員處死；並誣指他們是「共黨暴徒攻擊東門警備總部、圓山海軍辦事處、樺山町警務處，企圖強迫政府之武裝部隊繳械」。以此爲藉口，九日上午六時發佈戒嚴令，「以搜緝奸匪暴徒，弭平叛亂」。

十日，陳儀抹掉了自己曾派處長五人參加並一向以處理委員會爲交涉對象的事實，下令「取締非法團體」。與蔣介石口中的「中央的德意」同時，警備總部發表「告省民書」：

此次「二·二八」事件發生，政府當時除將專賣局肇事人員解送法院，依法嚴懲，並分別撫卹傷亡外，對於因「二·二八」事件而引起之政治問題，政府亦曲從民意，接受所提條件，意謂事變從此可告一段落。乃竟有少數陰謀分子企圖利用機會奪取政權背叛國家，從台北一隅開端，佔據廣播電台，歪曲事實，盡情渲染，鼓動民眾暴動，風聲所播，全省騷然，以致全省行政官吏或被挾持，或被毆辱，政府機關或被佔領，或被搗毀，外省公務人員及經商來台者或被劫殺，或被傷殘，慘痛所加，雖婦孺不能倖免，死傷之鉅，既難數計㉚，事變演成，史乏前例。日來則變本加厲，愈變愈烈，言論行動，均置國紀民彝於不顧，造成無政府狀態以爲快，更進而主張解除國軍武裝，撤銷警備總部，勢焰彌天，殆非使台灣外中國(?)而生存不可，報紙宣傳，事實表現，均可按驗。殊不知軍隊係整個國家武力，民族生存所托命，且軍權爲憲法所賦予元首(即最高統帥),絕非任何人所能任意侵犯,今旣公然主張解除國軍武裝,撤廢軍事機構,其爲反叛中央,背叛國家,昭然若揭。

本部受命統帥駐台三軍警備台灣,社會之安寧秩序,人民之生命財產,致虧職責,凡我全台同胞,應一致深切了解斯意,自今起各安生業,各守本分,信賴政府,協助政府,遵照政府政治解決途徑,共向建設三民主義新台灣之途邁進。倘或輕信謠言,徒逞意氣,毀法壞紀,行動越軌,甘爲二三野心分子所利用,本部爲求安定地方,保護人民,此後遇有事變,祇有行使職權,依法處理,不稍游移。希望全體台胞,父誡其子,兄勉其弟,以自治自愛,表現民主(?)精神,以守法守身,尋求自由(?)眞諦。至於參加此次暴動分子,或被脅從,或係盲動,於法雖不可恕,論情自有可原,如不自外坐成,再蹈法網,當予從寬免究,給予自新,特此宣告,其各知之。

戒嚴司令部又規定「戒嚴期間民眾行動注意事項」如下:

一、在戒嚴期間,每天上午六時起至下時八時爲止,除特別規定之警戒區域外,均可自由通行,但須遵守下列事項:

1、民眾通過步哨線時,不得集體行動,(以一個人或兩個人走在一起爲當,)並應慢步行進,如哨兵呼令停上,應即站住,候哨兵詢問淸楚以後准許通行。

2、如乘車輛(汽車或腳踏車)通過步哨線時，在隔離哨兵約三十步處，應先下車告知哨兵「我有何事」，經准許後，然後通行。

3、在街市行動，不應東瞻西望與大聲亂叫，或多人聚在一起以免引起哨兵誤會。

4、遇巡查車通過時，不得集體阻礙或包圍。

……

從此，街巷佈滿了殺氣騰騰的哨兵，看到台灣裝束或不懂普通話者，不問情由，一律射殺；一批一批滿載作立射預備或瞄準姿態的士兵、四面張著槍孔的巡邏車，直撞横衝吼叫而過，在三十萬人口的台北如入無人之境。「**台灣人**」不僅變成了可以「格殺勿論」的罪人，而且變做了被征服的奴隸，可以任意殺害以為快。在戒嚴令頒布同時，警備總部便慷慨地把短槍發給普通文職人員，授權他們為「自衛」而殺人；而經過煽惑的國民黨軍隊，奉了上司命令要「為被害同胞報仇」，要把這些「叛國造反」的人**殺光**或**殺服**！少數持槍的征服者，甚至為了向同伴誇耀射技，就以台灣人民為獵物！

自八日夜至十三日，槍聲此起彼落，晝夜不斷；大街小巷，以至學校機關內外，處處屍體横陳，血肉模糊。繁華的台北，成了仇恨的血海。善良的人民，有全家挨餓數日閉門不敢出來者。

在基隆，有一位外省人曾對我慨嘆「報復」之可怕：軍隊上岸了，他們把所捕得的「俘虜」剝掉衣服，令其赤身跪在十字街口，然後用皮鞭和鐵絲、槍托去抽打，一邊用審判官的姿態拷問：「你爲什麼造反？」「你們台灣人敢反叛中國？」……被拷打者既不懂得話，即使懂得也無法辯解，於是，在圍觀的外省流氓群拍手稱快之下，活活的打死了。那位敍述這故事的人說，他個人至少親見過兩起這樣的事。

在南部，大屠殺及早便實施了。十二日，南部防衛司令部以「參與暴動」罪，又公開處死市參議會副議長葉秋木、人民自由保障委員會主委湯德章、及記者沈瑞慶等六人。

爲了掩飾凶殺的滔天罪行，十一日，由國防部司長何孝元中將等三人暨台灣旅京滬代表所組成的慰問團飛抵台北，竟被柯遠芬所監視，並強迫其次晨立即離台。柯遠芬對他們說：「本月二十日以前，可以完全用武力鎭壓平定」。

配合著公開的大屠殺，還有掩耳盜鈴式的**秘密的恐怖手段**。在基隆、台北、台南、高雄等地，尤其是基隆、台北，大逮捕隨軍事「佔領」而開始。首先是起義領袖、工人、學生、地方士紳以及參加統治階層派系鬥爭的反對派，並及於不滿國民黨統治和不同爲惡的外省籍人員，一經逮捕，多不加訊問，立即處死：或裝入麻袋，或用鐵絲綑縛手足，成串拋入基隆港、淡水河；或則槍決後拋入海中；或則活埋；亦有先割去耳、鼻及生殖器，然後用刺刀劈死者……。每夜間，均有滿疊屍體的卡車數輛，來往於台北——淡水或基隆間。至三月底，我在基隆候船十天，幾乎每天都能看到從海中漂上岸來的屍體，有的屍親圍坐而哭，有的則無人認殮，任其腐爛。

為這種酷刑秘密處死的，包括「國大代表」張七郎(及其二子)，林連宗，王添灯，參政員、台大文學院長、民報社長林茂生，日本問題專家、前教育處副處長、人民導報社長宋斐如，基隆市副參議長楊元丁，新生報日文版總編輯吳金練等。據一個基隆市警察局小職員(後來開小差了)告訴我，就他目睹耳聞所及，單就基隆市警察局而言，在要塞司令部指揮下，投人入海者達二千餘人。這眞是無法計數的血帳；當時台灣旅滬六團體所發表報告書稱：「自八日至十六日，台胞被屠殺之人數，初步估計在一萬人以上」，應算是謹慎的估計。

而被捕下獄者，大都數十人鎖禁於一暗室中，除每日供給白飯二次外，數月不聞問，不准親屬探視，患病及受刑成病者亦不置理。軍憲、警察、特務以及以征服者自居的外省人等，都可以隨時隨地捕人，公開綁架，甚至可以在辦公室內隨意捉人，長官公署教育處和基隆市政府內中級職員多人亦被綁去。

經過數日夜的捕殺之後，十四日警備總部發表公告，稱：「至三月十三日止，全省已告平定」，即日「開始肅奸工作」，進入「綏靖階段」云。

所謂「**綏靖**」，以封閉報館爲開端。台北所有非陳、柯嫡系報紙，包括大明晚報、民報、人民導報、中外日報、重建日報(CC分子的組織「台灣重建協會」機關報)等全部被封；至廿三日，台中和平日報因刊登國民黨三中全會撤查陳儀新聞(中央社稿)，與該報台北版及自由日報同被封。各報社長、編輯、記者與京滬平津各報駐台記者，都成爲逮捕對象；這些人和其他各部門文化工作者，因爲目標顯著，凡平日表現得比較進步者，或則被捕入獄，或則化裝潛逃——嚴格的出入口管制，主要便是爲追緝這類「奸匪」而設。

「**清鄉**」和「**檢查**」是綏靖的基本內容。自十四日起，這種工作即在各地普遍展開，除經常而隨處舉行的「突擊抽檢」（即不分晝夜、不通知、局部的檢查）外，台南市曾於十七日特別戒嚴，全市交通斷絕，實施全面戶口檢查。凡戶籍錯誤及無身分證者，當然被列爲「奸匪暴徒」，而家中缺少一人者也必追究歸案；由於統治者繼承了日帝的嚴密的戶籍基礎，幾乎沒有一戶一人能逃出魔掌。所有居住台灣的人，誰也不知道什麼時候要被檢查，什麼東西將被當作「暴徒」的證據，誰也不知道是否有一個仇人這時會引導軍警來加害。軍警、特務們和與其相勾結的流氓，「清鄉」其名「清箱」其實者不少，而且他們又善於爲了詐財勒索而構罪陷人。

並且，各市縣居民，每區都具「**連保切結**」，在區域內一人違法，全區連坐。舉南部防禦司令部緊急布告爲例，其「安定市區辦法條例」有：「一、清查戶口，責成各區里長負責交出暴徒，依法訊究，倘有藏匿情事，應以軍法論處，鄰舍知情而不檢舉者，應受連帶處分。二、散在民間槍枝及其他武器等，應於十一日下午四時前繳出，如藏匿不報以軍法論處，知情而不檢舉者應受連帶處分。……」單說第二項什麼是「其他武器等」呢？「警備總司令部代電：查流氓暴徒過去每利用台灣之『掃刀』『刺血刀』『扁錐』等短小利器，易於隱藏攜帶，圖作暗殺及不軌行爲，此類不法刀具，亟宜嚴格取締」（見五月五日新生報）。這就是說，統治者可以用大砲機關槍來屠殺人民，台灣人民卻不准藏有小刀。

總之，**台灣人民有罪了**！在馬路上、火車上或汽車站上，他們得隨時高舉雙手，接受軍憲警察的檢查，接受辱罵或逮捕。以至有這樣的笑話（！）：白崇禧（當時的國防部長）「奉命來台宣撫」時，宣布了很多的「政治革新」和「寬大德意」後，有一次在某處招待所謂「人民代表」（事實上只有不曾參加事變的人），大門口佈滿了上了刺刀的崗兵，被招待人一個一個高舉雙手而進。

四月一日，新生報發表了一篇值得重視的社論，稱：

我們（按：指勝利的征服者）來到邊疆工作，和在其他一般省份工作**不同**，除了應盡的職守而外，還得負有特殊的任務！這任務就是要使本省同胞擺脱日本思想的桎梏，消滅日本思想的毒素，充分認識祖國，了解祖國！這一次事變，既不是什麼政治改革要求，更不是什麼民變，完全是日本教育的迴光返照，日本思想的餘毒從中作祟。……

這不僅誣衊人民革命，（我猜不透他們一向說是「延安野心家」和「奸匪暴徒」，爲什麼忽然又變成「日本教育……思想」？）而且明白宣言，**勝利的「中國人」**（不包括台灣人民）**應該負擔「特殊的任務」，像殖民帝國的統治民族對待殖民地人民一樣**。不索性把「邊疆」二字改爲「殖民地」，還算客氣。

於是，**屠殺人民最多最殘暴的人有功了**。「陳儀以高雄要塞司令兼南部防務司令彭孟緝中將，此次處理南部各地事件適當，並迅速恢復地方秩序，衛國保民，尙著宏效，特電令嘉慰，並記大功一次，以示激勵」。(中央社三月二十日電)

而，**勝利的征服者對失敗的台灣人民要求賠償了**。三月二十日，「受害公教人員之撫卹傷亡賠償損失辦法」議定：死者每人卹金廿萬(台幣，下同)，重傷五萬，輕傷五千，財物損失最高額四萬。而一切公私損失，亦即著手調查，據官方發表，截至三月卅一日爲止，損失最小的台中市即達一百三十二萬元。至於台灣人民，犧牲了父親、兄弟、丈夫、兒子的倖存者，當然沒有權利反抗繳納賠款。

我看到了一年以前慶祝光復綵牌的遺址上，又搭起歡迎的綵額了；人民被迫著剝下了昨天的標語，而在那上面貼上新的「歡迎國軍驅逐暴徒」之類的招貼。從開始就出賣人民的走狗在加官晉爵中大放厥詞，電台和報紙上每天出現「致敬」、「歡迎」、「挽留」……，配合了以活埋、槍殺、集中營、毒刑爲內容的「革新」、「民主」、「安定」、「愛國」、「保護」……。人民低著頭冷冷地走在自己的土地上，看著以羊羔美酒慰勞佔領軍的盛宴，默記著倒在血泊中的親人。

謝雪紅這個名字誘惑地向人民的內心閃爍著光輝，愈痛苦時就愈強烈。血腥的恐怖報復，在台灣人民之前，**第一次**完全揭露了國民黨統治者的虛僞、無恥、好殺、獨裁的本性，在台灣人民面前指出對於統治者無任何妥協幻想的眞理。

失敗之爲教訓，是深湛、嚴厲而有力的。台灣人民民主運動**上完了血淚交織的第一課，他們已**

走上了中國人民革命的共同的路程，這毋寧是可喜的事。深植在人民的擁護中、堅強地鬥爭過來的、以謝雪紅爲首的人民先鋒，將在艱苦的鬥爭實踐過程中益發壯大。他們是新台灣的主人。

結束，是新的開始。種子既已播下去——在豐饒的土地上，必然的會結出茂盛的果實，以迎接豐收的季節。

爲人民而戰鬥的人，我祝福你們！

一九四七年五月初稿；
四九年十一月整理完畢

註釋

①關於「排外」問題，當時的情況是：在落後的群眾中曾是比較普遍的現象；但即使在事變發生時，覺悟性較高的群眾，也不是無條件排外的，他們——在台中打碎了蔣介石的畫像，而在那旁邊，卻好好地保全了孫中山先生的遺像。在許多地方「打阿山」時，特別保護了一般的文教人員，因爲一般說來，他們並未直接參加國民黨反動派的罪惡行爲。

②反革命的血腥政策，不但屠殺了難以計數的人民，激起更深湛的仇恨；而且對上述的小資產階級的自由主義者和土著資產階級中的進步分子（這些人在現代社會中經常是可資利用的反革命有力工具），給予極重的打擊，粉碎了改良主義的叫囂和散播，將反革命的眞面目赤裸裸的暴露於人民面前，客觀上加強了人民的革命意識。主要爲了

這個緣故，當時國民黨中亦普遍發生責備鎮壓「過火」的言論。

③在戰前，每年米與砂糖的輸出卽逾三億日圓(當時日圓約等於國幣元)，是日本的米倉和砂糖的產地。

④據一九四一年的統計，耕地面積爲八八六·一一八甲(每甲約等於十四華畝)，則有百分之七十二是屬於日本人的。三百餘萬農民只有二十餘萬甲土地。

⑤八年戰爭中(連投降後二三月內濫發在內)，日本在台灣的通貨發行，膨脹不到十倍，主要生活必須品如糧食價格，上漲爲一九三七年之十倍。

⑥當時政學系——親日派飛黃騰達，熊式輝、陳儀分別接收東北和台灣，顯然因爲國民黨反動派意圖完整地保存日帝殖民地秩序，藉他們的親日經驗，利用日帝以進行反人民的內戰。當時一般以爲這全是政學系張群組閣的關係，而忽略了國民黨反動派的惡毒陰謀，這看法應該修正。

⑦楊逵曾於二二八後被捕，一九四九年再度被捕，生死不明。

⑧這裏得指明一點，國民黨以殖民地剝削所得，只是遂行其反中國人民的政策而已。它的本質和地位，都不可能成爲殖民國家，這點以後還有說明。

⑨在國民黨統治下，各省財政普遍虧損，靠「中央」補助，獨台灣能自給並有盈餘。

⑩當時對台灣特殊化問題，曾引起爭論，許多學者和輿論界人士，因痛感大陸各省戰亂頻仍，幻想台灣應特殊起來，單獨獲得比較安定的生活，遂爲統治者所騙，以爲特殊化政策可以保障台灣的單獨安定局面。而反對派則以「中國化」爲理由，辯護一切破壞行爲爲不可免的「過渡」現象。事實已經證明，這完全是脫離人民大眾從而是違背

人民大眾的空談。

⑪台糖預售的方式大致如下：糖廠與大糖商締約，預收糖價；大糖商又與中小商人同樣締約，預收部分糖價。因此，在糖的契約中，關係人何止數萬。

⑫今春間，據熟識內幕者稱：在台北萬華區，嫖一次只需五十元，約等於美國香煙一包或白米一斤。眞可謂慘絕人寰。

⑬台灣上層分子和「阿山」相勾結者，稱爲「半山」或「靠山」。

⑭上年年底基隆曾發生毆斃煙販案，兇手避去，不了了之。

⑮當時協議包括：一、立即解除戒嚴令，二、開釋被捕市民，三、下令不准憲警開槍，四、官民共同組織「處理委員會」，五、請長官對民眾廣播。

⑯指高雄要塞部隊，時已奉命開台北，途中被阻於新竹。詳後。

⑰駐台兵力，最初有六二、七十兩軍，後整編爲六二軍的兩個師，調赴華北前線，此時僅有七十師的留守部隊，實力只有一團。另外則爲基隆、高雄兩要塞部隊。

⑱埔里隊中包括高山族兄弟百餘名。

⑲由戰時曾在日本海軍服務人員組成的部隊。

⑳由戰時曾在日本陸軍服務的退伍官兵組成的部隊。

㉑主要指由海南島歸來的人。按戰時台灣兵員一部開往海南作戰，及日本投降，這些人既不能算作日俘，不在優待

之列，亦不被恢復中國國籍和自由，而把他們關在荒山上，任令飢餓磨折，以後才趕回台灣。這班人組織成軍，特別勇敢善戰，向統治者瘋狂報復。

㉒紅毛碑軍械庫為台灣最大的軍械庫，儲藏量至為豐富。

㉓均見各日台中報紙。

㉔事後據一後勤方面軍官謂：當時該部在台北只有一連左右兵力看守市內十幾個軍械庫，竟能安度險期，實非始料云云。

㉕據當時各報載為三十二條；但據一九四八年二月香港出版之「台灣二月革命」載為四十二條，此三十二條為政治要求。

㉖白崇禧是當時國民黨「政府」的國防部長，曾於三月底來台「宣慰」。他的報告當然不確實，但可作參考。

㉗吳振武曾任日海軍陸戰隊海軍大尉（上尉），與國民黨特務有勾結。為阻撓繼續軍事鬥爭，竟自傷其腳。後以「功」任國民黨海軍上校。

㉘時張學良被蔣介石移禁於新竹東南的井上溫泉。

㉙這支游擊隊，在斗六著名眼科醫師、曾參加越盟游擊隊的陳篡地領導下，屢次擊退國民黨軍的進犯，以後又由小梅退至樟湖地方，繼續作戰，達兩個月之久。

㉚全島外省人死傷不及千人，且死者多係持械抵抗者，可見此一段罪狀實係向壁虛構。

編後語

葉芸芸

收在這集子裡的文章，記錄的是兩位有良知的大陸籍知識份子，在將近半個世紀之前，短暫一年的台灣經驗。大部份是他們晚近幾年來才陸續寫成的回憶文字，兩位在台灣新聞界工作期間（一九四六—一九四七年）所寫的文章，找得到的也都收入此集。有兩點需要說明的是：一、所有舊文均保留原文，未加修定刪改。二、〈現階段台灣文化特質〉、〈從澁谷慘案談起〉及〈釋文化〉等三篇文章，分別刊在《新知識》（台中市中央書局發行，一九四六年八月十五日）與《文化交流》（台中市文化交流服務社，一九四七年一月十五日）。能找到這兩本刊物得助於藍博洲、李南衡、莊永明諸先生，《新知識》由秦賢次先生提供，《文化交流》由原發行人藍運登（藍更與）老先生提供。〈台灣的秘密〉及〈台灣最近物價的漲風〉則係周夢江先生自己所保存。

研究二·二八事件者常要引用的〈台灣二月革命記〉，也是王思翔先生將近半個世紀以前的作品，一九五〇年曾在上海出版過。猶在戒嚴的六〇年代，我曾在家父的書房對這本小書的封面有過一瞥之緣份，書是貴伯（楊逵）攜來借給父親的，書主何人?!我猜測父親是不知道的。這是我在白色恐怖年代的成長過程中的一段小插曲，沒有想到的是數十年後，會有機會看到這本書重新出版，王思翔先生在〈重版附記〉中的說明，顯示了一個有歷史視野的作者看待自己作品的磊落風格。

我與周夢江、王思翔兩位迄今緣慳一面，初時因採集戰後初期之台灣史資料，透過周明（古瑞雲）先生與兩位老前輩有書信之往來，七、八年來未曾間斷過。促成這本〈台灣舊事〉之出版，對我個人而言，是一段平淡文字交往所不曾預期的豐收。

歷史與現場㊿台灣民衆史⑭

台灣舊事

著　者──周夢江・王思翔
編　者──葉芸芸
發行人──孫思照
出版者──時報文化出版企業有限公司
台北市108和平西路三段二四〇號四樓
發行專線─(〇二)三〇六六八四二
讀者服務專線─(〇二) 三〇二四〇九四
(如果您對本書品質與服務有任何不滿意的地方，請打這支電話。)
郵撥──〇一〇三八五四～〇時報出版公司
信箱──台北郵政七九～九九信箱
責任編輯─李濰美
校對──林美君・陳桂枝
排版──正豐電腦排版有限公司
製版──源耕製版有限公司
印刷──華展彩色印刷有限公司
初版一刷─一九九五年四月十日
定價──新臺幣二四〇元
◎行政院新聞局局版台業字第〇二一四號

ISBN 957-13-1673-3
Printed in Taiwan

國立中央圖書館出版品預行編目資料

臺灣舊事 / 周夢江,王思翔著 . -- 初版. -- 臺
北市 : 時報文化, 1995[民84]
面 ; 公分. -- (歷史與現場 ; 58)(臺灣
民眾史 ; 14)
ISBN 957-13-1673-3(平裝)

1. 二二八事件

673.2291 84003209

請沿虛線摺下裝訂，謝謝！

歷史洪流的重現
時代現場的側記

歷史與現場

寄回本卡，掌握歷史與現場的最新訊息

請沿虛線撕下後對折裝訂寄回，謝謝！

(下列資料請以數字填在每題前之空格處)

_____ 您從哪裏得知本書／

1書店 2報紙廣告 3報紙專欄 4雜誌廣告
5親友介紹 6DM廣告傳單 7其它／_____

_____ 您希望我們爲您出版哪一類的歷史與現場作品／

1歷史 2傳記 3回憶錄 4新聞事件 5國際大勢
6其它／_____

您對本書的意見／

_____ 內容／1滿意 2尚可 3應改進
_____ 編輯／1滿意 2尚可 3應改進
_____ 封面設計／1滿意 2尚可 3應改進
_____ 校對／1滿意 2尚可 3應改進
_____ 定價／1偏低 2適中 3偏高

您希望我們爲您出版哪一位作者的著作或回憶錄／

1_____ 2_____ 3_____

您的建議／

廣　告　回　郵
北區郵政管理局登記證北台字1500號
免　貼　郵　票

時報出版

CHINA TIMES PUBLISHING COMPANY

尊重智慧與創意的文化事業

地址：台北市108和平西路三段240號 4 F
電話：(02) 3024094・(02) 3086222轉8412～13(企劃部)
郵撥：0103854-0時報出版公司

請寄回這張服務卡(免貼郵票)，您可以——
●隨時收到最新的出版訊息。
●參加專為您設計的各項回饋優惠活動。

編號：BC58　書名：台灣舊事

姓名：　性別：①男 ②女

出生日期：　年　月　日　身分證字號：

學歷：①小學 ②國中 ③高中 ④大專 ⑤研究所(含以上)

職業：①學生 ②公務(含軍警) ③家管 ④服務
⑤金融 ⑥製造 ⑦資訊 ⑧大眾傳播 ⑨自由業
⑩農漁牧 ⑪退休

地址：　縣市　鄉鎮區　村　里
鄰　路(街)　段　巷　弄　號　樓

郵遞區號：